S0-EBQ-778

# Biblia:
## preguntas que
## el pueblo hace

Colección
# BIBLICA

Mauro Strabelli

# Biblia:
## preguntas que
## el pueblo hace

SAN PABLO

## Segunda edición

**Título original:**
Bíblia: perguntas que o povo faz

© Edições Paulus
Rua Dr. Pinto Ferraz,
183-04117 São Paulo, SP-Brasil

**Traducción:**
*Jorge Gómez*

© SAN PABLO 1996
Carrera 46 No. 22A-90
FAX: 2684288 - 2444383
Barrio QUINTAPAREDES

*Distribución:* Departamento de Ventas
Calle 18 No. 69-67
Tels.: 4113955 - 4113966 - 4113976 - 4114011
FAX: 4114000 - A.A. 080152
Urbanización Industrial MONTEVIDEO

SANTAFE DE BOGOTA, D.C.
COLOMBIA

# Presentación

El presente trabajo tiene como destinatario el pueblo de nuestras comunidades. Está totalmente elaborado a partir de las preguntas, siempre las mismas, que *hace* el pueblo en los diversos "Cursillos de Biblia" que *dirigí* en varias partes.

Es un trabajo sin pretensiones y que inclusive puede desagradar a los especialistas en la Biblia. En las explicaciones que presento, me preocupo más por el aspecto teológico-bíblico-pastoral. No hay profundidad en las respuestas dadas en este trabajo, pero está hecho con seriedad. Me parece que nuestro pueblo no necesita grandes aparatos críticos.

"La explicación de las cosas difíciles de la Biblia y la investigación científica de su sentido literal histórico no constituyen el objetivo principal de la explicación de la Biblia al pueblo, por más necesarias o indispensables que sean", dice Carlos Mesters*. También el padre Luis Alonso Schökel, especialista en Sagrada Escritura, cuestiona la necesidad de la exégesis científica para nuestro pueblo**.

No quiere decir esto que los estudios científicos sobre la Biblia deban ser desechados como algo ocioso. Son instrumentos imprescindibles para una exacta comprensión de los textos. Lo que subrayo es que el presente trabajo no está elaborado en esa línea, con una finalidad crítica, sino didáctico-pastoral. Sin embargo, no puedo desdeñar cierto apoyo de los especialistas. No sólo para dar

---

* Mester, C. Por detrás de las palabras. Voces,1975. p 85.

** Schökel, Luis A. "*¿Será necesaria la exégesis?*". En *Concilium* 70 (1971&). pp 1199-1205.

autoridad al trabajo, sino también para mostrar cómo van hoy los estudios bíblicos. Sin que esto quiera decir que este trabajo recoja todas las opiniones de la exégesis contemporánea. Eso sería imposible de lograr y estaría fuera del ámbito del presente trabajo.

Hay ya uno u otro trabajo en esa línea, como por ejemplo, entre los más conocidos, el libro de fray Venancio de Leew, biblista capuchino holandés\*\*\*. Sin embargo, sus preguntas son más amplias y su enfoque es diferente, más académico que pastoral. Está también el libro de D. Esteban Bettencourt osb: *Para entender el Antiguo Testamento* (AGIR, 1958); *Ciencia y fe en la historia de los orígenes* (AGIR, 1954); *Para entender los evangelios* (AGIR). También está el conocido libro de Galbiati-A. Piazza: *Páginas difíciles de la Biblia* (San Pablo 1959).

Las preguntas que propongo en estas páginas son tratadas de manera simple y objetiva. Tal vez puedan ayudar a nuestras comunidades.

El presente trabajo está subdividido en tres partes:

*Primera parte*: Preguntas generales sobre la Biblia
*Segunda parte*: Preguntas sobre el Antiguo Testamento
*Tercera parte*: Preguntas sobre el Nuevo Testamento

Los temas podrían haber sido otros y más numerosos. Los que aquí propongo fueron los que me presentó el pueblo en los diversos cursillos bíblicos.

Para las citas bíblicas se emplea la Biblia Latinoamericana.

Que me perdonen los biblistas este trabajo que presento al público. Estoy dispuesto a sus críticas.

Soy consciente de no presentar ninguna novedad aquí. Soy apenas un segador en el sembrado de Dios y los otros: ¡Aquel que recoge los frutos, los empaca y los distribuye! El pueblo es quien tiene la sensibilidad para interpretar la palabra de Dios a la luz de la fe, de la comunidad y de la vida. Por esto mismo, considero muy sabias las palabras del viejo profesor en el Pontificio Instituto Bíblico de Roma: "El evangelio se entiende mejor leído a la hora de la siesta, que en los comentarios de los biblistas".

---

\*\*\* Leew, V. de. *Blanderend in de Bijbel*. (Traducción italiana): *L'uomo di fronte alla Bibbia*. Roma, 1981.

Primera parte

# PREGUNTAS GENERALES SOBRE LA BIBLIA

# 1

## ¿Quién escribió la Biblia? ¿Cuándo fue escrita? ¿Por qué se llama Biblia?

La Biblia no es un libro escrito por una persona, sino por muchas. No trata solamente un tema, sino muchos. Todo lo que le interesa al hombre le interesa a la Biblia. Es el libro de las experiencias humanas. No se escribió de una sola vez, sino poco a poco y por etapas; se comienza con las tradiciones orales, trasmitidas de padres a hijos, hasta fijarse en documentos escritos.

El hombre siempre ha reflexionado sobre la vida y sobre Dios. La Biblia quiere responder a esos problemas existenciales. Respuestas iluminadas por la fe. Las personas vivían y discutían esas experiencias que fueron escritas mucho tiempo después. Dios era siempre el punto de partida. El es el autor principal. Dios hablaba mediante las personas, el pueblo, la experiencia, la fe. El conjunto de esas experiencias escritas forma lo que actualmente llamamos *Biblia*. Los autores de la Biblia, por tanto, son muchos; mejor sería decir que el autor es un colectivo, el pueblo. Como dice Fr. Carlos Mesters, "la Biblia es el resultado final de una larga marcha, fruto de la acción de Dios que quiere el bien de los hombres y del esfuerzo de los hombres que quieren conocer y practicar la voluntad de Dios. O sea que la Biblia es el fruto del prolongado trabajo comunitario del pueblo"[1].

---

1. Mesters, C. *Flor sin defensa*. Vozes, 1983. p 15.

### ¿Cuándo se escribió la Biblia?

Siendo el libro de las experiencias humanas a la luz de la fe, la Biblia llevó mucho tiempo para que fuera escrita; o mejor todavía, para que esas experiencias fueran escritas se necesitó mucho tiempo.

Los estudios actuales muestran que la Biblia comenzó a ser escrita a partir del s IX aC. El último libro de la Biblia que se escribió fue el libro de la Sabiduría, por los años 50 aC. Por lo tanto, la Biblia no se escribió de un tirón, en un determinado tiempo, en una fecha. Se escribió lentamente, tuvo una larga gestación, preparada muy bien por Dios.

### ¿Por qué se llama "Biblia"?

Dijimos antes que uno de los últimos *libros* de la Biblia en ser escritos fue el libro de la *Sabiduría*. Cuando actualmente hablamos del libro, pensamos en un volumen más o menos grueso e independiente. En ese sentido, también la Biblia es un libro. Pero como ella trata de muchos asuntos, según lo dijimos, cada uno de esos asuntos tratados, experimentados, vividos, escritos, constituyó un "libro". La Biblia trata de historia, de sabiduría popular, de oración, de poesía, hace serias reflexiones sobre la vida, etc. Cada uno de esos temas constituyó, generalmente, un libro específico. De este modo, en la Biblia hay muchos libros. La Biblia es una colección de libros. La palabra "biblia" en griego significa "libros". Como la Biblia es una colección de libros, entonces se la designó con ese nombre griego. Y se volvió el nombre específico de la Sagrada Escritura. Cuando hoy se dice "Biblia", se entiende todo ese conjunto de libros sagrados.

# 2

## ¿Por qué se le dice Sagrada a la Biblia?
## ¿Dónde nació la Biblia?

Decimos que la Biblia es la palabra de Dios y que por eso ella es sagrada. ¿Por qué se la llama "Palabra de Dios"? ¿Cuándo habló Dios?

Vamos a intentar una respuesta, partiendo de un punto concreto: la creación, el mundo que vemos. Todo esto fue creado, no apareció por sí solo, al acaso. Las criaturas son un modo de hablar Dios. Dios es persona, y las personas se comunican. La comunicación de Dios es la creación. Todo lo creado es lenguaje de Dios (Rm 1, 19-20). Dios continúa creando y conservando el universo. O sea que Dios continúa hablándonos mediante las cosas y las personas.

La Biblia es el libro en el que el hombre guardó esa voz de Dios; es el libro en donde el hombre interpreta lo que la voz de Dios quiere decirle mediante la creación y el propio hombre. Y con la belleza del mundo, Dios quiere decirnos que ama al hombre, que es Padre y amigo y que nos quiere bien. El hombre, iluminado por el mismo Dios, meditando en las cosas creadas, dedujo todo eso. De este modo, el libro en el que el hombre registró toda esa experiencia con Dios se hace sagrado, o sea el libro en donde Dios continúa hablándonos; la Biblia, pues, es la voz de Dios y por eso es un libro sagrado.

Ese libro, la Biblia como palabra de Dios, nació con el mismo hombre, pues Dios siempre ha hablado al hombre. Sin embargo, la voz de Dios empezó a ser escuchada a partir de  Abrahán (aproximadamente 1800 aC). Gn 12, 1-9 dice que  Abrahán tuvo una gran experiencia religiosa. Y la experiencia fue exactamente ésta: entendió que Dios le hablaba por medio de los acontecimientos. Y su vida cambió completamente. Con su vida, con la vida de sus hijos y nietos, comenzaron a tomar cuerpo las tradiciones y las experiencias religiosas que posteriormente serían escritas y constituirían parte fundamental de la Biblia. A esas experiencias de los patriarcas, se añadirán más tarde todas las experiencias del pueblo de Dios, descendiente de Abrahán. La Biblia nació con la experiencia de Abrahán y se desarrolló con la historia del pueblo de Dios, principalmente con la experiencia del éxodo. Como libro escrito, se concretó mucho más tarde.

# 3

## ¿Cuántos libros tiene la Biblia?

Como libro, la Biblia es un solo volumen grueso. Se dijo arriba que se compone de pequeños "libros", es decir, de varios escritos que tratan diversos temas. Cada tema que se trató y se escribió formó un libro. De ese modo, sumando todos los temas escritos, en la Biblia tenemos 73 libros. La Biblia entonces es una pequeña biblioteca. Todo escrito bíblico, inclusive el que tenga pocas páginas, es llamado "libro". Ud., puede darse cuenta en su Biblia que hay libros más grandes y libros más pequeños. Por ejemplo, el libro del profeta Abdías es pequeñito, ¡tiene tan sólo una hoja! Y es llamado "libro", es decir, mensaje del profeta Abdías.

Y aunque sean 73 los libros de la Biblia, no tratan 73 temas distintos. Muchos autores trataron el mismo asunto. Por ejemplo, los profetas. Son muchos en la Biblia; el mensaje de cada uno de ellos es considerado como un libro, aunque hagan la misma reflexión crítica sobre la vida, el comportamiento y la religión del pueblo.

# 4

## ¿Qué temas trata la Biblia?

De modo general, podemos decir que la Biblia trata todos los temas, todos los asuntos que interesan a la vida del hombre. Sobre todo, aquello que el hombre piensa, medita, vive. Siendo así, la Biblia trata de historia, de oración, de sabiduría popular, de religión, hace reflexiones sobre los problemas humanos, religiosos, sociales, políticos, económicos; critica, propone soluciones; habla de los grandes actos de heroísmo y amor de las personas, como también de las debilidades, degradaciones, maldades y pecados de los hombres. Y esa reflexión se hace, sobre todo, a la luz de la experiencia con Dios. La Biblia es un libro vivo y perenne porque habla del hombre y de Dios.

Ud., puede leer en su Biblia un poco de todo eso. Por ejemplo, Ud., puede leer acerca de la historia del pueblo judío en los libros de Josué, Jueces, Samuel, Reyes y Crónicas. Ud., puede rezar con la Biblia usando el libro de los Salmos; puede reflexionar sobre la vida leyendo el libro de los Proverbios o Eclesiástico[2] o el Eclesiastés o el libro de la Sabiduría, los libros de los profetas.

# 5
## ¿Cómo está dividida la Biblia?

La Biblia está dividida en dos grandes partes: Antiguo y Nuevo Testamento.

Por *Antiguo Testamento* se entiende todo lo que aconteció, se reflexionó, se meditó y se escribió *antes* de Cristo; por *Nuevo Testamento* se entiende todo lo escrito sobre lo que Jesús dijo e hizo como también todo lo que los apóstoles (y evangelistas) dejaron escrito. Ud., puede verificar esas dos partes en su Biblia.

En el Antiguo Testamento se encuentran los libros de la historia del pueblo hebreo, de sus reflexiones sobre la vida, su oración y los mensajes de sus profetas. En el Nuevo Testamento están los *evangelios* (que tratan sobre el mensaje de Jesús, sus palabras y acciones), los *Hechos de los apóstoles* (que narran la vida de la Iglesia primitiva), las *Cartas* de los apóstoles (escritos teológicos y de formación) y el *Apocalipsis* (libro de reflexión sobre la historia).

Además de esta primera división, la Biblia se divide internamente en capítulos y versículos. Esto se hizo para facilitar su lectura, pues de lo contrario sería casi imposible hallar un determinado pasaje en un libro tan grande como es la Biblia. Cada libro de la Biblia está dividido en capítulos y versículos. El *capítulo* indica un tema tratado o un pensamiento desarrollado; pero, esta división

2. Véase nota de la página 48.

a veces no es muy lógica. El *versículo*, ordinariamente, es una frase completa: versículo quiere decir verso corto. Tanto los capítulos como los versículos son indicados por *números*. Los capítulos están indicados por números grandes y los versículos, por números pequeños. Siempre en orden ascendente. Cuando se acaba un capítulo también se acaban los versículos. Mire eso en cualquier parte de su Biblia.

Ahora, debe ser fácil para Ud., encontrar un pasaje en su Biblia. Busque por ejemplo, en el evangelio de Mateo, el capítulo 5, versículo 13.

Todos los libros de la Biblia tienen una abreviatura, para no tener que escribir todo el nombre de cada libro cuando se va a citar. Verifique eso en el comienzo de su Biblia. Entre unas biblias y otras se dan pequeñas diferencias. Aquí en este libro se van a emplear las abreviaturas de la Biblia de Jerusalén. Vea la lista al comienzo.

Para citar un determinado pasaje de un libro de la Biblia, se coloca primero el nombre del libro (con la abreviatura), luego se escribe el número del capítulo y luego el del versículo. Por ej., para citar el pasaje del evangelio de Mateo en el capítulo 5 versículo 13, basta con escribir Mt 5, 13. La coma separa siempre el capítulo del versículo. Otros ejemplos: Mc 3, 35; Lc 11, 28; Jn 6, 51.

Finalmente, cuando se desea citar unos versículos separados (saltándose algunos) se coloca un punto después de cada versículo. Así, por ej., Jn 6, 51. 57-58 quiere decir: evangelio de san Juan, capítulo 6, versículo 51 solo, más los versículos 57 y 58. Se saltan los versículos 52-56.

# 6
## ¿Por qué la Biblia católica es diferente de la Biblia protestante?

La Biblia católica y la protestante son iguales en cuanto palabra de Dios acogida por los hombres. Ud., debe respetar una Biblia protestante lo mismo que respeta una católica. Igualmente deben hacer los protestantes. Aún más, no debería decirse que hay una Biblia católica y una protestante, si de hecho son la misma palabra de Dios.

### ¿Cuál es la diferencia de una con la otra?

La única diferencia está en el *número de libros* de cada una de ellas.

Dijimos más arriba que la Biblia tiene 73 libros. Es el número de libros en la Biblia católica, pues la Biblia protestante tiene siete libros menos. Esta no tiene los siguientes libros: *Judit, Tobías, 1º de los Macabeos, 2º. de los Macabeos, Baruc, Eclesiástico³, Sabiduría.* Tampoco trae trozos de los libros de Ester (10, 4-16, 24) y de Daniel (13-14). Busque en su Biblia esos libros y subraye el nombre de cada uno de estos libros. Son los que faltan en la Biblia protestante. Por lo tanto si Ud., quiere saber si una Biblia es "protestante" o "católica" recuerde alguno de esos nombres y búsquelo en esa Biblia; si no está, esa Biblia no es católica.

### ¿Y a qué se debe esa diferencia?

A esto: los judíos más antiguos dividían los libros del Antiguo Testamento en tres grupos: a) los cinco libros de la *Ley* (llamados también Pentateuco, cinco libros). Los judíos los llamaban *Torah* (= Ley). b) Los libros de los *profetas* llamados *Nebiim* (= profetas). c) Los *otros escritos,* llamados por ellos ketubim (= escritos).

Los profetas estaban divididos en dos grupos: *profetas anteriores* (Josué, Jueces, Samuel y Reyes) y *profetas posteriores* (Isaías, Jeremías, Ezequiel, Oseas, Amós, Joel, Abdías, Jonás, Miqueas, Nahúm, Habacuc, Sofonías, Ageo, Zacarías y Malaquías), que formaban un solo libro: "Los doce profetas".

Los "Otros escritos" comprendían los libros de los Salmos, Job, Proverbios, Rut, Cantar de los cantares, Eclesiastés, Lamentaciones, Ester, Daniel, Esdras y Crónicas. Un total de 11 libros.

3. Véase nota de la página 48.

Según esta división, la Biblia hebrea antigua tenía 24 libros. Pero más tarde, los mismos judíos dividieron los libros de Samuel (1 y 2 S), los de Reyes (1 y 2 R) los de las Crónicas (1 y 2 Cro) y el de Esdras (Esd-Ne) y cada profeta fue constituido en libro independiente. Así la Biblia hebrea llegó a tener 39 libros.

Esta Biblia hebrea fue considerada como la original; sus libros se llamaron "protocanónicos", es decir, libros aceptados desde el comienzo y sin ninguna discusión. Los protestantes adoptaron la Biblia hebrea como la única. Y en ella no están los 7 libros mencionados arriba.

### ¿Y por qué no están estos libros?

Porque fueron aceptados como inspirados sólo más tarde. Esos siete libros aparecen en la primera traducción de la Biblia hebrea al griego. Se llamaron "deuterocanónicos", es decir, libros aceptados como inspirados sólo más tarde, en un segundo momento.

### ¿Y qué es la Biblia griega?

Es la traducción griega de la Biblia hebrea. Esta Biblia griega tiene su historia.

Cuando los judíos comenzaron a dispersarse por otros países, deportados por Alejandro Magno, o más tarde cuando fueron perseguidos por Antíoco Epífanes (175-163 aC), se llevaron consigo la Biblia. Estos emigrantes llegaron a formar una gran colonia al norte del Africa, en una ciudad llamada Alejandría. El grupo creció mucho y llegó a formar una comunidad de ¡un millón de personas! En Alejandría, como en la mayor parte del Imperio se hablaba el griego. Se necesitó, entonces, traducir la Biblia hebrea al griego para que pudieran entenderla los descendientes de los judíos, pues éstos no sabían hablar hebreo ya.

Con ocasión de esta traducción, de la Biblia hebrea al griego (250 aC), se añadieron a la Biblia *otros libros*, que fueron considerados como inspirados; libros que tenían ya un gran uso entre los judíos alejandrinos, que eran también considerados como palabra de Dios aunque no estuvieran luego en la relación oficial de los libros inspirados. Son los 7 libros de los que se habló más arriba. De este modo, la Biblia griega tiene 7 libros más. Los católicos adoptaron la Biblia griega que tiene todos los libros considerados como inspirados, tanto los "protocanónicos" como los "deuterocanónicos". Como los protestantes adoptaron la Biblia hebrea es natural entonces que esa Biblia tenga 7 libros menos.

Actualmente esta diferencia tiende a desaparecer. Muchas editoriales protestantes están editando en sus Biblias todos los libros de la Biblia griega, aunque digan que esos no hacen parte de la Biblia hebrea. Solamente algunas sectas muy radicales y fundamentalistas dentro del protestantismo rechazan esos libros y mantienen la división. Pero estas sectas no representan al verdadero protestantismo. La palabra de Dios es una y la misma para los cristianos. La diferencia entre la Biblia católica y la protestante es apenas una diferencia histórica.

# 7
## ¿Por qué la Biblia es difícil de entender?

La Biblia fue escrita hace muchos años en una lengua distinta de la nuestra. Los escritores empleaban modos de hablar, comparaciones muy diferentes de las nuestras y hablan de otras costumbres. La Biblia se escribió con otra mentalidad. Por eso, para entenderla o para hablar de ella es necesario estudiar bastante. No se necesita ciertamente ser doctor en Biblia, pero sí se necesita un cierto conocimiento para poder hablar de ella. De ahí la importancia y utilidad de los cursos bíblicos, de las clases y las palestras bíblicas. Cuando no se pueda participar de esos cursos, debe pedirse explicación a quien haya estudiado o entienda de esto. De lo contrario, se acaba por no entender lo que dice la Biblia o confundiéndose cada vez más. Y si se habla de Biblia sin entender, entonces se dicen muchas bobadas o se da una interpretación subjetiva, no siempre fiel y exacta.

De pronto algunas cosas de la Biblia pueden no entenderse, pero no se debe decir que la Biblia sea difícil de entender. Ud., puede leer

17

la Palabra de Dios y entenderla perfectamente, pues Dios habla sencillamente, ilumina nuestro entendimiento y toca nuestro corazón cuando leemos su Palabra. Podemos sacar muchos frutos de sabiduría leyendo cada día un trocito de la Biblia. De hecho, hay algunas costumbres, modos de vivir, géneros literarios, expresiones propias que no estamos obligados a entender, para eso están los especialistas, los estudiosos, los profesores de Biblia que nos ayudan. Es a veces peligroso intentar explicar la Biblia por sí mismo. Se pueden decir y hacer cosas contrarias a la palabra de Dios. Por eso, las Biblias católicas siempre traen al comienzo una introducción general, una introducción para cada uno de los libros o para cada grupo de libros y muchas explicaciones al pie de página.

Además de esto, existen cursos y palestras bíblicas en todas las comunidades. Esto ayuda mucho. Si desea entender cada vez mejor la palabra de Dios, no deje de participar e inclusive de promover esos cursos o semanas bíblicas.

Un medio muy útil para profundizar en el conocimiento de la Palabra de Dios es el "círculo bíblico". Ud., puede organizar un círculo bíblico en su casa, en su cuadra, en su comunidad. Es una reunión semanal. De ese círculo, puede participar el que lo desee: las familias, los jóvenes, los hombres, las mujeres... Hay mucho material apropiado para esos círculos bíblicos.

Finalmente, si Ud., desea profundizar más aún en el estudio de la Palabra de Dios, hay muchos libros especializados y fáciles para estudiar. Ud., puede pedir orientación a un presbítero, a un catequista, al líder de la comunidad o buscar en las librerías católicas especializadas.

Segunda parte

# PREGUNTAS SOBRE
# EL ANTIGUO TESTAMENTO

# 8

## ¿El mundo fue creado en 6 días?
## ¿Descansó Dios después de la creación?

Antiguamente la narración sobre la creación del mundo y del hombre no ofrecía ningún problema: los antiguos consideraban realmente históricos los acontecimientos narrados en Gn 1-11. En la Edad Media, la narración de la creación fue considerada como alegórica, en general. Actualmente, sin embargo, la ciencia presenta una serie de dificultades respecto de la historicidad de la narración y demuestra que muchas afirmaciones son anticientíficas, como por ejemplo, la aparición de las plantas antes del sol (Gn 1, 11-18). La visión bíblica y la visión científica son opuestas.

Según la Biblia, la creación fue una obra perfecta: "Dios vio que la luz era buena... Dios vio que era bueno" (Gn 1, 4. 10. 12. 18. 21. 25. 31). En Gn 1, 31 se dice que "Dios vio todos lo que había hecho y he aquí que estaba *muy bien*" (subrayado nuestro). Según la Biblia, el hombre aparece ya hecho, perfecto y feliz. Lo que acabó con ese estado de perfección fue el pecado, según Gn 3.

Según la ciencia, sin embargo, la perfección no es propia de los orígenes; al comienzo hay imperfección y la perfección se alcanza por evolución natural. De ahí que la perfección a la que se refiere la Biblia sólo puede ser alcanzada posteriormente. (En ese sentido el pecado relatado en la Biblia en Gn 3, como caída de un estado de perfección anterior, es considerado por algunos no como error o pecado, sino como un paso adelante en la búsqueda de la perfección: ¡El hombre quiso conocer más, saber más, acercarse a la libertad total!).

Actualmente, el relato bíblico sobre los orígenes no se acepta incondicionalmente como documento histórico. La narración bíblica ha pasado por la crítica científica, exegética, literaria e histórica; actualmente, se tiene bastante clara la intención del autor al escribirla. Se ha llegado a una síntesis. Antiguamente, toda la narración era considerada como *histórica*; en la Edad Media como *alegórica*. Actualmente, sabemos que es una narración esencialmente *teológica*, basada en las tradiciones del pueblo, en la cultura del Antiguo Oriente y principalmente en la fe.

Sin embargo, muchos hay que juzgan apresuradamente la narración bíblica de entonces, con los criterios científicos de hoy. Y atribuyen a la Biblia errores que no cometió, pues ella no quiso hacer ciencia sino teología. Desconocer esto y juzgar al autor bíblico como anticientífico es cometer un error mayor que el que se le atribuye.

Sabemos igualmente hoy, de manera cierta, que la narración bíblica de los orígenes del mundo y del hombre no es un relato religioso exclusivo del pueblo hebreo. Tal tipo de relato hace parte de los escritos religiosos de muchos pueblos pertenecientes al contexto socio-cultural del Antiguo Oriente. Estos escritos religiosos usan una forma literaria común en la que entran el simbolismo, las imágenes, las concepciones populares, la intención del autor, la cultura del tiempo, etc.

En ese contexto cultural e histórico, debemos situar el relato del Génesis sobre la creación del mundo en seis días y el "descanso" de Dios en el séptimo (Gn 1, 1-2, 3).

Si Ud., lee con atención los dos primeros capítulos del Génesis, se dará cuenta de que la creación es narrada dos veces. La primera está en Gn 1, 1-2, 4a y la segunda en Gn 2, 4b-25. (El versículo cuarto del capítulo segundo es el final de la primera narración de la creación y también el comienzo de la segunda. Por eso, se divide en 4a y 4b ya que habla de cosas distintas).

La primera narración es larga, solemne, minuciosa. La segunda es simple, breve, concisa. Ambas hablan de la creación del mundo, del hombre, del paraíso.

### ¿Por qué dos narraciones?

Porque fueron elaboradas en épocas diferentes, por personas diferentes, con intenciones diferentes y más tarde fueron unidas en una sola narración porque se complementaban. La primera narración (Gn 1, 1-2, 4a) la escribió un grupo de *sacerdotes* y la segunda (Gn 2, 4b-25) fue escrita por *gente de la base del pueblo*. Estas dos narraciones fueron unidas probablemente en el tiempo del escriba Esdras (s IV aC) y así se formó la que tenemos hoy día. (Ne 8).

La intención de cada grupo al componer la narración de la creación era distinta. El relato de la creación en seis días y el "descanso" de Dios hace parte de la narración del primer grupo, el sacerdotal. Su intención era, naturalmente, religiosa y litúrgica.

Los sacerdotes compusieron ese relato en el tiempo en el que los hebreos estaban en el exilio en Babilonia (587-539 aC). Esta situación de exilio influía mucho en la vida de todos: el pueblo estaba fuera de su patria, sin rey, sin sacerdote, sin templo, rodeado de ídolos y era presionado para que abandonara su propia fe y adhiriera al dios Marduk, que era el dios de Babilonia. En tal situación, ¿cómo mantener la fe, la vida religiosa? ¿Quién era más poderoso: Marduk el dios de Babilonia vencedora o Yavé, el Dios liberador del pueblo vencido? ¿Qué clase de liberación era esa?

Ante tal estado de ambigüedad y de desánimo, apareció la narración sacerdotal que tenemos en Gn 1, 1-2, 4a. Aparece con una *finalidad religiosa específica*: mantener la fe del pueblo, dar sentido a la vida, suscitar la esperanza en el regreso.

Los sacerdotes parten de un principio: Israel recibió las promesas de Dios en Abrahán y los patriarcas y tiene la herencia del pasado. Si ahora está en exilio, es porque se apartó de Dios. Pero, si se vuelve de nuevo a Dios y permanece fiel, todo puede ser reconstruido: habrá nuevamente nación, rey, templo y sacerdote, ya que el pueblo es y será siempre *heredad del Señor* (Sal 16, 5; 28, 9; 47, 4; 78, 71; 10, 16; etc.).

Luego, los sacerdotes enseñan que para permanecer fieles a Dios y continuar siendo su heredad, el pueblo debe evitar el culto a los ídolos, la religión de Babilonia y debe manifestar su fidelidad mediante el culto verdadero.

*¿Cómo celebrar el culto verdadero*
*y participar de la vida religiosa, si no había templo?*

Para responder a esa pregunta del pueblo, los sacerdotes elaboraron el esquema de la creación en seis días y el "descanso" de Dios en el séptimo. Su intención no fue científica, ni quisieron afirmar que el mundo fue creado en seis días de 24 horas ni en seis períodos de tiempo. Su intención era religiosa: fundamentar el séptimo día como día de descanso y de culto. Si Dios "descansó" el séptimo día, también el pueblo debe descansar ese día (el sábado); debe reunirse en comunidad, oír y estudiar la palabra de Dios y cultivar su fe. El relato *no es*, pues, *histórico*, sino esencialmente *teológico*: el Dios todopoderoso, que creó todas las cosas, creó también al pueblo de Israel. Y conservará a su pueblo aun en el exilio. El pueblo de Dios no desaparecerá. Regresará a su patria, a su templo. Por eso es necesario, desde ahora, mantener la fe y ser fiel a Yavé.

El "descanso" de Dios no es, pues, un reposo físico, sino un esquema literario para traducir una verdad teológica: la observancia integral del sábado como "día del Señor" y medio para reunir al pueblo y mantener la fe.

La creación del mundo en seis días —lo repetimos— es un esquema literario artificial, hecho para desembocar en el sábado (=séptimo día). El orden de la creación es descrito por el autor experimentalmente, según la observación natural de cada día. No está interesado en discutir si las plantas deben estar antes que el sol o después. Habla de lo que ve en su experiencia —es como también nosotros decimos que el sol se levanta o se pone, que gira sobre la tierra, cuando la ciencia nos dice lo contrario: es la tierra la que gira al rededor del sol—. Con su esquema, el autor está afirmando solamente que Dios fue quien hizo el sol y las plantas. Habla de la creación según la observación diaria: para crear las cosas se necesitaba tener claridad (luz, Gn 1, 3); dice que hay tierra y agua (1, 6-10); que existen los árboles, las hierbas, las semillas (1, 11-13); sol y luna, día y noche (1, 14-19); animales, aves, peces (1, 20-26); y dice que el hombre domina la naturaleza y los animales; que ama y engendra hijos; y que el hombre es un "negativo" de Dios (1, 26-31). Por lo tanto, son seis días de creación. Es el séptimo, Dios descansó. El hombre "imagen de Dios" debe también descansar, observar el sábado, celebrar el culto, guardar su identidad religiosa.

El esquema del autor no es, pues, científico sino artificial; su intención no era la de hacer historia, sino teología.

# 9

## ¿Existieron Adán y Eva?

Esta es una de las preguntas más insistentes que se hace en los cursos bíblicos. Y ésta plantea otra: ¿Quién garantiza que formaron la primera pareja? ¿No había más parejas? ¿Si ellos formaron la primera pareja, con quiénes se casaron sus hijos?

La pregunta merece ser planteada, dado que no todos tienen la posibilidad de profundizar en el estudio de la Biblia.

Si nos quedamos en el texto, la Biblia estaría hablando de una pareja. Pero no es así en realidad. La Biblia está hablando del Hombre y de la Mujer. Es la manera de hablar del autor. Al comienzo, dice él, Dios hizo al hombre y a la mujer, o sea: la raza humana tuvo un comienzo. Y esto nadie puede negarlo. Pero es relativo que el hombre se llamara Adán y la mujer, Eva. El autor no está dando nombres propios, sino *colectivos*. Esto se entiende fácilmente cuando las personas hablan de cosas concretas y prácticas. Es lo que hizo el autor. En vez de hablar de "un primer hombre y una primera mujer", usó dos términos que no son nombres propios, sino nombres concretos: Adán y Eva. En hebreo, esos nombres tienen su significado y encajaba perfectamente con la intención del autor. Adán significa: *el que viene de la tierra*, hombre. Eva significa: *la que da vida*. El autor designa con propiedad a la primera pareja como Adán y Eva, pero queriendo decir: el hombre es una criatura, terreno, *material* (Adán); la mujer es terrena, material, criatura, *generadora de vida* (=Eva). Estos nombres, pues, designan a *cada hombre y cada mujer* y no sólo a la primera pareja. Es decir, Adán y Eva existieron como existen hoy hombres y mujeres, pero no necesariamente con nombres propios. En síntesis: el texto nos enseña que tanto el hombre como la mujer tuvieron un origen y fueron creados por Dios.

# 10
## ¿Fue la mujer sacada de la costilla de Adán?

La creación del hombre y de la mujer están narrados en la Biblia no como un reportaje periodístico, sino en el estilo de la reflexión popular. La creación del hombre está narrada dos veces y de manera diferente:

> Gn 1, 26-27: "Dios dijo: 'Hagamos al hombre a nuestra imagen y como semejanza nuestra, y manden en los peces del mar, y en las aves de los cielos, y en las bestias, y en todas las alimañas terrestres, y en todas las sierpes que serpean por la tierra. Creó, pues, Dios al ser humano a imagen suya, a imagen de Dios le creó, macho y hembra los creó".
>
> Gn 2, 7: "Entonces Yavé Dios formó al hombre con el polvo del suelo, insufló en sus narices aliento de vida y resultó el hombre un ser viviente".

La primera narración afirma la dignidad del hombre, su aspecto espiritual, su libertad: él es imagen y semejanza de Dios, es decir, él corresponde al modelo divino. El es imagen, puede relacionarse con Dios, hablarle, escucharlo e inclusive resistirle.

Esta primera narración, dicen los estudiosos, que fue hecha por un grupo de sacerdotes. Los sacerdotes enfatizan naturalmente la parte espiritual.

La segunda narración es popular. El pueblo es más concreto y la narración subraya entonces el aspecto físico, corporal, lo que se percibe.

*¿Y qué se percibe del hombre cada día?*

Se percibe que el hombre, además de sus capacidades intelectuales, espirituales, de su libertad, lleva en sí la fuerza de la terrenalidad: es terreno, limitado, frágil, pecador, sujeto al dolor, a la muerte. Así, el redactor del pensamiento popular compuso su narración usando una comparación muy conocida en su tiempo, la del alfarero: Dios modeló al hombre como el alfarero modela su ladrillo, el vaso de cerámica; el hombre es criatura de sus manos, *está hecho de barro.* El autor no describe el modo como el hombre fue hecho, sino que llama la atención sobre su fragilidad y su dependencia de Dios. "Formar al hombre del barro" no es, pues, una enseñanza científica de la Biblia sino teológica, es decir, enseña que el hombre viene de Dios, depende de él, es pecador, débil, limitado. Es como un vaso de barro que se quiebra con facilidad.

La formación de la mujer es enseñada, igualmente, dentro de este esquema literario de sabiduría popular. Es un escrito más teológico que científico. Fundamentalmente, la narración quiere mostrar que el hombre y la mujer son iguales, que entre ellos se da una atracción fundamental de complementación, que dicha atracción conduce a la aproximación, al amor, al matrimonio monogámico.

Y esa atracción profunda y misteriosa la observa el autor diariamente, como la vemos hoy. Y expresó esto en la narración con la expresión: "Sacar de la costilla". De hecho, no es que la mujer fuera sacada de la costilla del hombre, sino que, como el hombre, también ella fue creada por Dios. Por eso son iguales. El libro del Génesis acentúa dicha igualdad entre los dos con la expresión: "Hueso de mis huesos y carne de mi carne" (Gn 2, 23).

El autor también narra el sueño de Adán, durante el cual Dios realizó la "operación". Pero Dios no practicó ninguna cirugía.

27

Encontramos de nuevo la intención del autor: él no es un científico, sino un teólogo.

Para los antiguos, la obra de la creación era algo misterioso, conocido sólo por Dios. Así, por ej., el Sal 138, 13-15 dice:

"Porque tú mis riñones has formado, me has tejido en el vientre de mi madre... Cuando era yo formado en secreto".

El hombre, según la narración, no tenía la capacidad para conocer la creación. Por eso, está dormido cuando Dios forma a la mujer, su compañera.

Es inútil discutir si el hombre fue hecho o no fue hecho de barro o si la mujer fue o no fue sacada de la costilla de Adán, porque esto queda por fuera de la intención del autor; él no enseña nada de eso: apenas hace una observación teológica y para eso usa las comparaciones populares de su tiempo. Quedarse en las comparaciones nos aleja de la intención del autor y quedarse en la cáscara es dejar el meollo. Es estar fuera de juego.

## 11
### ¿En el Génesis, qué significan: el árbol, la manzana y la serpiente?

El telón de fondo que sirve para responder a las preguntas sobre los primeros capítulos del Génesis es siempre el género literario usado por los autores para relatar sus reflexiones. *Género literario* es el modo de presentar un pensamiento o un mensaje bajo determinada forma literaria. Por ej., la poesía es un género literario, un escrito sobre astronomía es de otro género literario. El género literario usa también algunos recursos, cierta técnica (por ej., comparaciones, alegorías, imágenes, etc.), que permiten expresar mejor la idea que el autor quiere transmitir. El autor puede utilizar el género literario que le parezca mejor para llegar al lector, por ej., la novela, el discurso, etc.

Cada ciencia o cada disciplina tiene su género literario específico. "Conocer el género literario de una obra —escribió el P. Benoit— es tener en las manos la clave para entenderla"[4]. Esto sucede también en la Biblia. Tiene un género literario específico: *el religioso*. Dentro de este género literario religioso, cada uno de los autores eligió las formas que mejor le servían en su tiempo para transmitir su idea.

El Génesis emplea mucho la simbología, el juego de palabras; emplea imágenes que el pueblo conocía; usa elementos tomados de la cultura religiosa judía, mesopotámica, cananea, etc. El autor se sirvió de todo eso para su relato de la caída del hombre, por ej., (Gn 3) y así reflexionar con el pueblo sobre la existencia del mal en el mundo.

Y los elementos simbólicos presentes en su relato (Gn 3) son numerosos: la serpiente, los árboles, el jardín, el fruto del árbol, las hojas de la higuera, el rumor de los pasos de Dios, la hora de la brisa, la escondida del hombre, los diálogos (Dios/hombre, Dios/serpiente), las maldiciones (a la serpiente, a la mujer, al hombre), los vestidos para la pareja, la expulsión del paraíso y los querubines (ángeles) que guardan con la espada desenvainada la entrada al paraíso[5].

El autor no tiene la intención de explicar el origen del mal. No sabe su origen, como tampoco nosotros lo sabemos. Sabe apenas, también como nosotros, que el mal existe porque tanto él como nosotros los practicamos y hacemos la experiencia del mismo.

Todo hombre se pregunta por el mal. ¿Por qué existe el mal? ¿Por qué no existe solamente el bien?

Las religiones y las culturas antiguas procuraron dar una respuesta por medio de sus leyendas religiosas, sus mitos etiológicos (es decir historias que explicaban el origen de alguna creencia común). Así lo hicieron, por ejemplo, los griegos, los romanos, nuestros indígenas. También el hombre bíblico reflexionó sobre ese problema existencial y dejó su reflexión por escrito, mediante un género literario cargado de imágenes y de símbolos. Su refle-

---

4. Citado en Spadafora, F. *Diccionario bíblico*, Barcelona, 1959. Subtítulo: *"Géneros literarios"*, p 229.

5. Cf *Eliade*, M. *La nostalgie des origines*. Ed. Gallimard, 1971 p 161 ss; de Campeaux, G. *Le monde des symboles*. Zodiaque, 1972. pp 208-272.

xión no es descendente, sino ascendente, es decir, no explica por qué existe el mal hoy, no identifica su origen; por el contrario, afirma que el mal existe hoy porque tuvo un origen que se remonta más allá del tiempo; afirma que cn el hombre existe como una radical oposición al bien que exige una causa primera, un origen. Con su texto, constata simplemente que hay un mal original o como se dice que hubo un "pecado original".

Con esta constatación, el autor se dispone a atacar de raíz el mayor mal del su tiempo, que seducía y corrompía al pueblo: la tentación de los ídolos. Esa tentación o ese pecado era la causa de muchos otros males. Habiendo constatado eso, el autor propone una salida: hay que luchar contra esa tentación que existe dentro de cada uno, para poder retornar al paraíso (= una tierra sin males, una sociedad justa y fraterna).

Para transmitir su reflexión, el autor emplea una historia: la historia es verdadera: el mal existe y entró por el hombre mismo. Los elementos que emplea para ilustrar esa historia, sin embargo, son simbólicos, es decir, indican la verdad que desea transmitir; son como la exteriorización, la expresión de esa verdad. Veamos algunos de ellos:

a) *El árbol*: en Gn 3, se citan dos tipos de árboles: el árbol del conocimiento del bien y del mal (v 5) y el árbol de la vida (vv 3 y 22).

En Gn 2, 16-17 se recuerdan todos los árboles, y el árbol del conocimiento del bien y del mal.

Según el texto, el hombre podía comer de todos los árboles, excepto del árbol del conocimiento del bien y del mal. En ese día moriría (Gn 2, 16-17).

*¿Qué significa esto?*

"Comer de todos los árboles" es un símbolo denso en su significado. En la Biblia, la sabiduría y la ley de Dios son comparados con un árbol. Dice el libro de los Proverbios: "Es un árbol de vida para quien sabe conquistarla" (Pr 3, 18).

Tener la sabiduría es alcanzar la vida: ella enseña los caminos de la vida.

Por otra parte, la ley de Dios es llamada en la Biblia "Ley de vida"; observar la ley de Dios es vivir. Así por ej., Sal 118, 93: *"Jamás olvidaré tus ordenanzas por ellas tú me das la vida"*.

También la Biblia compara al hombre que cumple la ley de Dios con un árbol frondoso, plantado a las orillas de las aguas (Sal 1, 1-3).

Podemos entonces concluir que el hombre sabrá lo que es el bien y el mal mediante la ley de Dios: si observa la ley de Dios (= practicar el bien) será feliz; si no lo observa (= practicar el mal) será infeliz, morirá.

Esta experiencia es la de cada día. El libro del Deuteronomio lo recuerda al proponer a los hombres la alianza con Dios:

"Mira, yo pongo hoy ante tí vida y felicidad, muerte y desgracia" (Dt 30, 15). Y este mismo libro añade: "Que los cielos y la tierra escuchen y recuerden lo que acabo de decir; te puse delante de la vida o la muerte, la bendición o la maldición. Escoge, pues, la vida para que vivas tú y tu descendencia, amando a Yavé, escuchando su voz, uniéndote a él. En eso está tu vida y la duración de tus días, mientras habites en la tierra que Yavé juró dar a tus padres, Abrahán, Isaac y Jacob" (Dt 30, 19-20).

Si la sabiduría y la ley de Dios son comparadas en la Biblia con los árboles, entonces "comer de estos árboles" significa tener sabiduría, observar la ley de Dios, ser sabio, vivir. El hombre debe creer esto, aceptar esto, pues Dios mismo es el que lo garantiza. Este es el sentido de la orden que Dios dio al hombre, de que podía comer de todos los árboles, inclusive del árbol de la vida (Gn 2, 16).

Pero el hombre no acepta fácilmente lo que Dios le ordena; no cree en su palabra. Quiere tener *su* propia certeza, alcanzar por sí mismo el conocimiento del bien y del mal, siguiendo sus propios criterios, dejando a un lado la sabiduría y la ley de Dios.

Esta experiencia, siempre amarga, es llamada en la Biblia "comer del árbol del bien y del mal", Dios lo prohíbe precisamente porque le dio al hombre la posibilidad de ser feliz observando su ley, siendo fiel y sabio. Dios no quiso y no quiere el mal. Pero el hombre sí. Ese es el sentido de "no comer del árbol del conocimiento del bien y del mal". No se necesita hacer la experiencia por sí mismo. Basta confiar y creer en Dios.

La expresión bíblica "*comer* de los árboles del jardín, menos del árbol del conocimiento del bien y del mal" es, de hecho, una expresión, una manera de hablar que el autor emplea para decir que el hombre tiene en la vida dos posibilidades: ser sabio y tener vida (= "comer de los árboles del paraíso") o ser ignorante y encontrar la muerte (= "comer del árbol del bien y del mal"= seguir sus propias ideas).

b) *La manzana*: la manzana no es nombrada en el texto bíblico. El texto habla simplemente de "fruto" (Gn 3, 3-6). La costumbre de identificar el fruto prohibido con una manzana viene de las pinturas clásicas con motivos bíblicos, que traducen, a su vez, ideas de la mitología antigua[6], en la cual la manzana era símbolo de la tentación. En la Biblia, esa tradición de la mitología antigua es usada también para significar la tentación del hombre al mal. En el Génesis, el fruto o "manzana" simbolizan "la eterna tentación del hombre a no reconocerse como criatura delante de Dios, sino querer gobernarse por sí mismo, no someterse, escoger el propio camino, erigirse en norma última y exclusiva para discernir el bien y el mal"[7].

c) *Las hojas de higuera y la desnudez;* el rumor de los pasos de Dios y *la escondida* de Adán y Eva (Gn 3, 8-10).

Todos estos elementos pertenecen al mismo cuadro: la toma de conciencia, por parte del hombre, de ¡haber cometido una brutalidad! Dios le mostró al hombre el camino del bien y de la vida (= árboles del paraíso y árbol de la vida); el hombre no aceptó la

---

6. *Mitología* es una historia fabulosa de dioses, de héroes de la antigüedad. Viene de la palabra mito, que es una pequeña historia hecha para explicar ciertas tradiciones o creencias populares. La palabra mito, literalmente, quiere decir narración.

7. Mesters, C. *Paraíso terrestre: ¿saudade uo esperança*? Vozes, 1971. pp 56-57.

propuesta de Dios y quiso hacer su propia experiencia, decidir por sí mismo (= conocer el árbol del bien y del mal).

Una vez hecha la experiencia contra Dios, el hombre se dio cuenta inmediatamente del mal que acababa de hacer; sintió toda la amargura que le produjo esa experiencia; se sintió sin ningún argumento delante de Dios, quien le había advertido con anterioridad; se hizo consciente de su situación y lleno de miedo no quiso mirar más a Dios, ¡no quiso encontrarse con él! ¡Era necesario huir!

Este drama del hombre se describe con imágenes, con símbolos en Gn 3, 7-8. La *desnudez* es la toma de conciencia del hombre ante Dios: está desarmado, avergonzado, inerme; se equivocó y tiene que callarse. Las *hojas de higuera* designan el miedo del hombre luego de la trágica experiencia vivida: hay que cubrirse, es decir; el error fue descubierto, percibido; había que intentar ocultarlo. La reacción es la misma que la de una persona sorprendida ¡cuando está desnuda!

El *rumor de los pasos* de Dios expresa el temor profundo del hombre que pecó voluntariamente: ahora debe encontrarse con Dios, darle una satisfacción por haber abandonado la ley divina. Designa el ansia del hombre que espera ¡un Dios que le pedirá cuentas! Mientras que el hombre siguió la ley de Dios (=comer de los árboles del paraíso y del árbol de la vida), los pasos de Dios eran esperados por él como señales de la agradable visita de un amigo (="Yavé Dios que se paseaba por el jardín a la hora de la brisa fresca del día" Gn 3, 8). Tan pronto como se apartó de la ley de Dios y siguió su propia ley (=comer del árbol del conocimiento del bien y del mal), esos mismos pasos fueron esperados con temor y angustia (Gn 3, 8b). "Esconderse" de Dios (Gn 3, 8b. 10) es el símbolo del hombre que se reconoce pecador, culpable y que es consciente de su situación cerrado a la comunicación, orgulloso. Prefiere la fuga al diálogo; prefiere la angustia del culpable a la misericordia y a la paz que viene de Dios. El hombre se encontraba desnudo (= consciente de su culpa), pero no tenía la humildad de reconocerse culpable delante de Dios (=esconderse).

d) *La serpiente*. El autor bíblico plantea en el relato una pregunta: ¿Por qué el hombre no quiere ser sabio, seguir a Dios y ser

33

feliz, sino que prefiere recorrer su propio camino, esconderse de Dios y ser desgraciado? En otras palabras: ¿Por qué el hombre se siente más atraído por el mal que por el bien?

Y responde: la causante de todo ese trastorno fue la serpiente. ¡Ella llevó al hombre a comer del fruto prohibido!

La serpiente personifica aquí a la *tentación*; personifica la inclinación casi indomable que todos tenemos para el mal. Para el autor, la causa de todo el mal es el mismo hombre que se deja vencer por la tentación, por esa inclinación al mal.

Usa un símbolo para decirlo: el símbolo de la serpiente. Y ¿por qué la serpiente?

En tiempo del autor, la serpiente era símbolo de la religión de Canaán, país en el que vivía el pueblo de Dios. Dicha religión no conocía muchos deberes éticos: era una religión mágica, idolátrica en la que se practicaba la prostitución *sagrada* como signo de la perennidad de la vida (1R 12, 24; 15, 12; 22, 47; 2R 23, 7). La serpiente era, pues, símbolo de esa religión porque representaba, en primer lugar, el órgano sexual masculino, reproductor de la vida (emblema fálico) y en segundo lugar, porque con el cambio periódico de su piel, se presentaba como un signo de ¡vida eterna! Esos elementos entraron en la mitología y el folclor orientales.

Otro elemento que debe ser considerado en la explicación del texto: la serpiente es, para todos los pueblos, símbolo del mal; es traicionera, venenosa, mata.

El pueblo de Dios sintió siempre la tentación de dejar su religión de Alianza realizada con Dios para seguir la religión cananea, más seductora, sin muchos compromisos, además de favorecer la prostitución, aunque bajo apariencia de culto.

Este tipo de religión ejerció una gran fascinación sobre el pueblo. Atraía. Y el pueblo de Dios se dejó seducir muchas veces. Y la apostasía religiosa traía serias consecuencias para la vida del pueblo. Al romper su compromiso con Dios, el hombre lo rompía también con su prójimo. El resultado era la hipocresía cultual, la explotación de los más débiles, el sincretismo religioso; y todo eso hecho con ¡la mayor tranquilidad de conciencia! Por eso los profetas y los reyes justos atacaban este tipo de religión (cf las citas hechas anteriormente y además: Os 4, 12. 18; 16, 10; Ez 16, 24. 31. 39; Is 1, 21-23; Am 4, 1-3).

La serpiente llegó a ser el símbolo de la traición a Dios y a la fe; símbolo de todo mal.

El autor bíblico empleó todo ese contexto cultural, mítico y religioso que rodeaba a la serpiente, más su propio simbolismo, para explicar la causa del pecado del hombre, que no quiso ser sabio y seguir la ley de Dios. Prevaricó, porque la serpiente lo sedujo, es decir, fue tentado y cedió a la tentación.

El origen del mal está, pues, en esa errada elección del hombre; prefirió "oír" a la serpiente y no a Dios.

De este modo, aparece claramente que la presencia de la serpiente en el relato es una presencia *etiológica*, es decir, usada como figura, como símbolo para explicar el origen del mal. El hombre sintió dentro de sí la atracción del mal, fue atraído por él, cedió y se dio cuenta después que eso ¡era nocivo, venenoso que producía la muerte!

Esa misma tentación existe dentro de cada uno de nosotros; también hoy el hombre protesta contra Dios, no quiere escuchar su voz, prefiere "oír a la serpiente" La tentación (=la serpiente) está siempre acechando al hombre. Así sucede hoy y así sucedió también en el comienzo de la humanidad[8].

# 12
## ¿Cuál fue el pecado de Adán y Eva?

Mucha gente dice que el pecado de Adán y de Eva fue un pecado de tipo sexual. Esto no es verdad. No aparece así en la Biblia. Al contrario, la Biblia dice que Dios creó al hombre y a la mujer y les ordenó que tuvieran hijos: "Sean fecundos y multiplíquense" (Gn 1, 28). De modo que la orden para la vida sexual es anterior a una transgresión que se narra después (Gn 3). Además, para que fuera un pecado sexual debería haber habido

---

8. Cf Mesters, C. *Paraíso terrestre: ¿saudade ou esperança?*, pp 57-61.

una prohibición de Dios en ese sentido. Y no la hay. Al contrario, Dios ordena a la pareja que procreen, que tengan hijos, que constituyan una familia.

Ciertamente, algunos elementos del relato: desnudez-no-percibida y desnudez-percibida, fruto prohibido, serpiente (como símbolo fálico), condicionaron esta interpretación. Pero, hemos visto el significado de dichos símbolos. No tienen que ver con la vida sexual.

Entonces, ¿cuál fue el pecado de Adán y de Eva? ¿Qué es el pecado original?

La Biblia no lo dice. Y no lo podía decir, porque el primer pecado, el pecado original, aunque fuera real, no es constatable históricamente, es decir, no puede comprobarse con documentos.

El autor bíblico no está empeñado en descubrir cuál fue el primer pecado del hombre. Nosotros somos los que interpretamos el texto con una interpretación que no es la del autor. Su intención es otra: él no desea *probar* nada y no quiere demostrar que hubo pecado que se transmitiera de padres a hijos; *constata* simplemente que en el mundo hay pecado, que en cada persona existe la misteriosa e inexplicable tendencia al mal. Ante la ley de Dios, el hombre es tentado para que escoja el mal y no el bien. Esto es un misterio profundo que se esconde en el corazón del hombre[9].

La narración bíblica sobre el pecado original es un montaje literario hecho sobre una gran verdad: el hombre pecó, erró en el pasado porque peca y yerra en el presente. Esta tendencia, esta inclinación de todos al mal, exige que haya existido un mal de raíz, un error inicial "una ruptura del hombre con su origen que es Dios"[10].

Y como todos pecamos, esa inclinación existe en el corazón de todos nosotros. Ha pasado a todos. Esta es la constatación que hace el autor y que es verdadera. Y para expresar esto, el autor emplea el lenguaje simbólico y elementos de su cultura: desnudez, voz de Dios, esconderse de Dios, etc., como lo hemos visto. Para el autor todo hombre es Adán, es decir, pecador.

9. Cf Mesters, C. *Paraíso terrestre: ¿saudade o esperancça?*, p 67.
10. Cf Mesters, C. *Op. cit.*, p 67.

Entonces, ¿no puede responderse la pregunta sobre el pecado de Adán y de Eva? No. Primeramente, porque la Biblia no lo identifica y segundo, porque ésta no es la intención del autor. Entonces nadie puede hacerlo. Además, el pecado es perceptible, detectable, sentido por todos y cada uno de nosotros, pero no es verificable históricamente, como se dice. En otras palabras; el pecado de Adán y de Eva es histórico en el sentido de que es *real* y no *verificable,* comprobado, documentado.

Muchos autores dicen que el pecado original fue un acto de desobediencia a Dios. Pero no aclaran en qué consistió ni cuál fue la prohibición. Quizá al percibirse el hombre dotado de inteligencia y de voluntad, quisiera experimentar su capacidad de decidir yendo contra la voluntad de Dios que lo quería feliz. Su experiencia fue una lección equivocada que lo hizo desgraciado y lo marcó para siempre. Y a pesar de todas las amargas experiencias anteriores, el hombre siempre quiere ¡experimentar! El pecado original, pues, no existió, sino que existe; no aconteció sino que acontece. Tal vez sea ésta la llamada "desobediencia a la ley de Dios" considerada como núcleo del pecado. Esa desobediencia, ese error original, primordial, es llamado "pecado original" porque está en el origen, en el comienzo de la humanidad; es una "fuerza peligrosa y amenazadora de la cual es responsable cada generación, inclusive la primera" [11].

Para el autor bíblico, la tarea más importante de todas no es la de descubrir cuál haya sido el pecado original, sino cómo combatir el pecado ahora, en cada persona, en cada estructura, en cada época. Combatir el pecado de origen es también reconstruir el paraíso.

# 13
## ¿En dónde estaba el paraíso?

El paraíso bíblico como lugar geográfico, jardín de flores, con mucha agua, plantas frutales y suave brisa, no existió jamás y no existe. El paraíso descrito en la Biblia no es un lugar, sino un esta-

---

11. Cf Mesters, C. *Op. cit.*, p 64.

do de justicia, paz, fraternidad, felicidad, en el cual el hombre debería vivir. Ese paraíso, como estado de justicia, paz, fraternidad, felicidad no fue destruido pues es el proyecto de Dios para el hombre. La narración sobre el paraíso en la Biblia es apenas una manera de escribir, es una descripción del estado de felicidad según lo concibe el modelo oriental. Para el autor bíblico, la descripción tiene como finalidad mostrar el contraste de la realidad en la que él vive. El proyecto de Dios no era nada de lo que estaban viviendo, sino todo lo contrario. De ahí la intención del autor de mostrar con su escrito que todo hombre debe luchar por reconstruir el paraíso querido por Dios. El paraíso, entonces, existirá cuando el hombre logre eliminar las estructuras generadoras del mal, del pecado, de la injusticia. El hombre construye o destruye el paraíso. La lucha de cada uno contra el mal es ya el inicio de la construcción del paraíso querido por Dios.

En la construcción de ese estado de felicidad, el hombre debe enfrentar siempre grandes dificultades. La Biblia expresa esta idea diciendo que había querubines (=ángeles) con espadas flameantes guardando el paraíso (Gn 3, 23-24). La reconstrucción del paraíso será posible solamente cuando se haya superado todos los obstáculos con la ayuda de Dios. Sin esto, es imposible "*extender la mano, tomar del árbol de la vida, comer y vivir para siempre*" (Gn 4, 22b).

El paraíso existe como posibilidad de realizar el proyecto de Dios, el plan de Dios. Plan de felicidad y de vida para el hombre. Pero para eso, es necesario que el hombre vuelva a observar la ley de Dios, que ahora es la ley de Cristo, y pueda así vivir para siempre[12].

# 14
## ¿Si Adán y Eva eran la única pareja, entonces Caín se casó con su hermana?

En la perspectiva del relato bíblico de Gn 1-5, esta pregunta no tiene ninguna razón de ser, aunque nos la planteemos. Y no tiene sentido porque la Biblia no relata una historia o redacta una genealogía. El autor está haciendo una *reflexión* sobre la vida, ve-

12. cf Mesters, C. *Op. cit.*, p 79.

rifica que existen hombres y mujeres: dominadores y dominados; que hay ambivalencias; que en el hombre se da una tendencia innata hacia el mal; verifica la fuerza de la tentación que seduce al hombre; que hay hombres justos y hombres injustos, hombres buenos y hombres malos, etc. Vivía ese drama en su época. Y proyectó el "antitipo" de todo ese estado de negatividad: lo contrario de todo eso es el *paraíso*. En ese contexto entran Caín y Abel. Entran como prototipos del *mal* y del *bien* respectivamente. Sólo eso.

Para el autor no era importante saber si Caín se casó o no; y si se hubiera casado, no le interesa saber con quién (aunque el texto relate su matrimonio: Gn 4, 17). Los preocupados por identificar su mujer somos nosotros. La Biblia, sin embargo, tiene apenas la intención de decir que desde el comienzo existe la maldad y la personifica aquí en un hombre (Caín); así como existe la maldad hoy y está personificada en todo hombre malo (otro Caín).

No puede decirse que Caín se haya casado con su hermana porque el texto no permite esta interpretación. Tampoco puede decirse que se casó con una mujer de otra familia, ya que meteríamos el problema del *poligenismo* en el texto *monogenista* del autor bíblico, es decir, afirmaríamos que existían varias parejas al comienzo de la humanidad (=poligenismo), cuando la Biblia dice que existía una sola pareja (=monogenismo).

Algunos autores, sin embargo, resuelven el problema simplemente diciendo que en efecto Caín se casó con una de sus hermanas o con una de sus sobrinas, pues el texto dice que Adán y Eva tuvieron muchos hijos e *hijas* (Gn 5, 4). Otros autores aceptan la hipótesis del poligenismo (la existencia de varias parejas en el comienzo de la humanidad)[13].

Aunque el poligenismo fuese real, el texto bíblico no se ocupa en modo alguno de eso. No está interesado en identificar quién se casó con quién. Desea reflexionar sobre la existencia del mal en el mundo e identificar sus concretos representantes. El hombre es tanto el representante del bien (Abel), como el representante del mal (Caín). Lo demás es pura especulación que no está dentro de la intención del autor[14].

13. Cf Bartmann, B. *Teología dogmática*, (Vol I, SP, 1962), pp 421-422.

# 15

## ¿Qué significan las palabras de Dios a Caín: "Si alguien mata a Caín, será vengado siete veces"? ¿Qué significa la señal que Dios le puso a Caín?

El texto bíblico dice:

"Dijo Caín a Yavé: Muy grande es mi delito. He aquí que hoy me arrojas de la superficie de este suelo y habré de esconderme de tu presencia; andaré errante y vagabundo por la tierra y sucederá que cualquiera que me encuentre me asesinará. Y Yavé le dijo: Por eso, quien quiera que mate a Caín sufrirá venganza siete veces. Entonces Yavé le puso una señal a Caín, para que no lo matara el primero que lo encontrara" (Gn 4, 13-15).

Este relato, como otros ya comentados, no puede tomarse al pie de la letra, como si fuera una narración histórica en el sentido moderno del término, es decir, como algo documentado, como un hecho verificable, comprobable. Es histórico en el sentido de que trata de un drama humano real: el crimen, la venganza, el castigo. El texto bíblico es una narración popular, etiológico-teológica sobre la presencia del mal social en el mundo. El mal no se da solamente a nivel personal, sino también a nivel de la convivencia social. Si los hombres son hijos de Dios, hermanos entre sí, ¿cómo explicar el crimen y la venganza?

La Biblia relata "cómo comenzó la violencia en el mundo"; procura mostrar la "causa" de la violencia.

Este tipo de narración es llamado "etiológico" (= mostrar la causa).

E inmediatamente la Biblia condena la violencia: Dios no quiere la violencia, ya que está fuera de su proyecto. Es la conclusión teológica de la narración.

---

14. Una exposición sintética sobre el poligenismo se puede leer en el libro citado de Mesters, C. *Paraíso terrestre: ¿saudade ou esperança?* pp 103-105.

Estas reflexiones, nacidas de la investigación del autor, de su fe y de su experiencia, fueron agrupadas en una historia especial como intento de explicación del origen y desarrollo del mal en la vida social, como también del origen de la violencia y la venganza en el mundo.

Además de esto, como telón de fondo, el autor quiso dar otra explicación "histórica" a sus lectores: mostrar por qué la tribu de los quenitas (o cainitas, descendientes de Caín) era tribu nómada y feroz. Y entonces dice: la tribu de los quenitas, o cainitas, vive errante porque tuvo como fundador a un fratricida; nació del crimen entre hermanos; Caín, el fundador de la tribu mató a su propio hermano Abel. Por eso vivió *errante* (en hebreo *nad*). La Biblia recuerda ese aspecto diciendo que Caín fue a morar en la tierra de *Nod* (Gn 4, 16). Las palabras *nad* y *nod* (errante y ciudad, respectivamente) forman un significativo juego de palabras: ciudad errante o grupo errante.

Se capta, pues, que la finalidad del texto es la de constatar la existencia de la violencia en el mundo, mostrar que Dios la desaprueba y explicar por qué la tribu de los quenitas (descendientes de Caín) era una tribu nómada y feroz.

Volviendo al texto: el autor quiere denunciar la violencia que engendra venganza que genera siempre más venganza en la convivencia social. Quiere enseñar que es preciso parar la violencia, ponerle punto final a las agresiones mutuas.

Las palabras que Caín dirige a Yavé muestran esa cadena de violencia: el asesino tiene miedo de ser asesinado (vv 13-14). La respuesta de Dios confirma que, de hecho, la venganza llevará siempre a la venganza y la violencia se volverá así una bola de nieve que crece cada vez más a medida que rueda. Si Caín, el asesino, es a su vez asesinado, su clan se vengará. La violencia se recrudecerá; "sufrirá siete veces violencia" —en el lenguaje bíblico significa mayor violencia o gran violencia.

La "señal" que Dios puso a Caín significa que Dios no quiere la violencia, la condena. Cada tribu o cada clan tenía su señal distintiva. La señal distintiva que Dios pone a Caín indica su pertenencia a una tribu feroz y vengativa; esa señal hacía que otras tribus desistieran de la venganza contra los quenitas o contra Caín. Esa señal era, de parte de Dios, un dique a la violencia y no una marca infamante. El autor dice: "Miren: Dios mandó parar la violencia; Dios no acepta la violencia; es preciso ponerle fin". Este es el sentido de la "señal de Caín".

En el texto, pues, la Biblia denuncia la violencia en el mundo, el desproporcionado sentido de la venganza que existe en las personas; constata que hay muchos Caínes en la sociedad: son las personas que, tanto ayer como hoy, hacen violencia, agreden, matan al hermano. Afirma que la venganza llama venganza y que todo esto no está conforme con la voluntad de Dios; Dios exige el final de ese estado de cosas y quiere que los hombres sean felices, amigos, que vivan en paz y en fraternidad. En esta perspectiva, el texto tiene sentido y es un texto cuestionador.

# 16
## ¿Qué fue el diluvio? ¿Sí aconteció?

Diluvio significa henchimiento, inundación. Según la Biblia, el diluvio aconteció (Gn 6-9) y fue universal, es decir, alcanzó a todo el mundo. En el diluvio murieron todos los hombres y los animales, salvo los que estaban en el arca de Noé. La causa del diluvio fue la maldad y la depravación humanas. Con el diluvio, Dios castigó y purificó a la humanidad; pasado el diluvio, Dios pactó con Noé una nueva alianza simbolizada en el arco iris y se comprometió a no exterminar nunca más al hombre con otro diluvio.

El relato del diluvio es una *interpretación teológica* de una catástrofe que sucedió y que fue conocida por todos los pueblos de la antigüedad[15]. Más adelante volveremos sobre esta interpretación teológica.

Históricamente todos los pueblos de la antigüedad conocieron una tradición del diluvio. Estas tradiciones existen tanto en el mundo oriental (por ej., en Palestina, Babilonia, Mesopotamia),

15. Cf *Comentario bíblico "San Jerónimo"*. AT. Vol I. p 79.

como también en el mundo occidental (por ej., en Africa, América). Todos estos pueblos guardan en la memoria colectiva el recuerdo de una inundación catastrófica, acontecida en tiempos inmemorables. En la tradición mesopotámica, especialmente, hay una narración sobre los héroes de un diluvio: es Utanapistim. Entre esta narración y la bíblica hay muchas semejanzas literarias y de contenido. En esa narración, el diluvio es descrito como universal (en sentido antropológico, es decir, alcanzó a todo el género humano); de esta destrucción se salvaron los hombres y los animales que estaban en una barca; la lluvia cesó después de siete días y la barca quedó en una montaña también: el monte Nizir, en el norte de Mesopotamia. Utanapistim soltó una paloma, luego una golondrina y finalmente un cuervo. Las dos primeras aves regresaron, el cuervo no. Era señal de que las aguas habían bajado de nivel; el cuervo encontró alimento en la tierra. El héroe, entonces, ofreció un sacrificio a los dioses, en acción de gracias.

En todas las tradiciones orientales, el diluvio no es descrito solamente como un fenómeno natural, sino como un castigo de los dioses; según estas tradiciones, el hombre desciende de los sobrevivientes que estaban dentro de la barca; la inundación aconteció a causa de muchísimas lluvias o de un maremoto y en todas ellas se da la presencia de los pájaros que anuncian el fin del diluvio[16].

Frente a ellas, la narración bíblica parece no ser algo nuevo. Los puntos de contacto entre una y otras son evidentes. Queda como algo claro que el diluvio fue una inundación inmensa que aconteció de veras.

*¿Qué diferencia hay entre el relato mesopotámico y el relato bíblico?*

La originalidad de la narración bíblica está en la interpretación que hace de dicho acontecimiento. Es la llamada *interpretación teológica* de un acontecimiento.

16. Cf ANET. *Ancient Near Eastern Texts Relating to the Old Testament.* pp 43-44.

*¿Y cuál es esa interpretación teológica del diluvio?*

El autor bíblico afirma que el diluvio aconteció a causa de la depravación humana y no por causa de las desavenencias entre los dioses, como dice el relato mesopotámico. El diluvio, dice la Biblia, fue un castigo infligido por Dios, el Dios único y verdadero, el Dios de Israel y no por los dioses. El diluvio no destruyó a toda la humanidad, sino a "todos los hombres" de la región en la que ocurrió (salvo los que estaban en el arca); la humanidad tuvo un nuevo comienzo con Noé y sus hijos, es decir, los hombres, aunque sean diferentes, descienden de una misma pareja.

Por eso, se puede considerar la narración bíblica como una narración etiológica, es decir, una narración que trata de presentar el motivo o la causa de un hecho determinado, que se conservó en la conciencia colectiva del pueblo. No fue una inundación universal en el sentido de que afectó al mundo entero, como lo sugiere la Biblia, eso sería geológicamente imposible, sino universal en el sentido del mundo conocido.

La narración etiológico-teológica de la Biblia sobre el diluvio enfatiza algunas ideas religiosas centrales y profundamente diferentes de las de la narración mesopotámica: el diluvio fue un castigo enviado por el Dios vivo y verdadero; fue enviado a causa del pecado de los hombres; la humanidad procede de una sola pareja, no obstante las diferencias raciales.

Puede decirse que el núcleo histórico de la tradición sobre el diluvio constituyó el patrimonio cultural común de dos pueblos: el israelita y el mesopotámico. Es una tradición cultural semítica. Con el correr de los siglos, la tradición común fue enriquecida con las concepciones religiosas de cada pueblo. Así, la tradición mesopotámica está marcada por el politeísmo, mientras que la tradición israelita por el monoteísmo. Esta es la diferencia fundamental entre ambas.

Tanto la paleontología como la etnografía demuestran científicamente la existencia de inundaciones inmensas ocurridas entre los años 3700-2800 aC en Mesopotamia. El diluvio fue, pues, una inundación inmensa, ocurrida en un determinado período inmemorial de la historia y que fue recordado por todos los pueblos en sus tradiciones religiosas. La Biblia también la recuerda, purificándola teológicamente. La narración bíblica, por lo tanto, no puede ser tomada al pie de la letra, pues de ese modo se haría inexplicable, incomprensible. Por ej., en el arca de Noé no cabrían ejemplares de todos los animales; el agua que según la misma Biblia cayó sobre la tierra ("las aguas se elevaron quince codos por encima de las montañas" = 7 metros por encima de las montañas más altas), habría desviado el eje de la misma tierra, etc.

Conviene recordar aquí que el diluvio es visto por el autor dentro de un esquema teológico, de la misma manera que el relato del pecado de toda la humanidad. El que relató antes el pecado del hombre (= Adán y Eva: Gn 3) y el pecado del hermano contra el hermano (Caín y Abel: Gn 4), narra ahora, aquí, el pecado de todos los hombres. El dice que el pecado personal, social o colectivo trae siempre serias consecuencias para el hombre y para la comunidad. Siempre es un rompimiento de la alianza con Dios.

Para finalizar, podemos decir que el diluvio sí existió. Fue una inundación sucedida en la antigüedad. La Biblia, sin embargo, vio ese fenómeno como un castigo de Dios para una humanidad depravada y también la ocasión para reafirmar la alianza que el hombre debe mantener siempre con Dios. Según la perspectiva bíblica, la narración del diluvio puede leerse también como un relato que quiere mostrar el poder de Dios en la historia y sobre la creación. El es el Señor, el Creador que inclusive puede destruir la creación. También es el que la conserva y la sustenta (Gn 8, 22; 9, 1ss)[17].

# 17
## ¿Existió la torre de Babel?
## ¿A qué se debió la confusión de lenguas?

El relato bíblico de la torre de Babel (Gn 11) está después de la narración del diluvio (Gn 6-10), que termina diciendo que de la familia de Noé se originaron los pueblos del mundo. Esto permite

17. Cf. Ruiz de la Peña, J.L. *Teología de la creación*. Santander: Sal Terrae, 1986. p 33.

darse cuenta de que el relato tiene también una función etiológica, es decir, de explicar la causa de la existencia de tantas lenguas en el mundo. Para esto, el autor se valió de relatos ya existentes en su tiempo, de leyendas y también de su visión religiosa teológico-monoteísta. Hizo de su relato un arma apologética: combatir el orgullo y el politeísmo de los babilonios.

En efecto, en Babilonia existían torres muy altas, de gran diámetro, llamadas zigurats. Hoy quedan apenas sus ruinas. Los estudiosos afirman que estas zigurats eran igualmente una expresión de la religiosidad popular, ya que según la concepción babilónica los dioses habitaban en las alturas; de tal manera, que esas altísimas torres servían de morada a los dioses. Eran, en cierto modo, templos religiosos. Los babilonios se enorgullecían de estas torres y según la leyenda querían llegar al cielo por medio de ellas. Los dioses los castigaron a causa de esa orgullosa pretensión.

El autor bíblico relee dicha historia dentro de su teología monoteísta: la dispersión de los pueblos y la división de las lenguas son un mal y provienen de la soberbia de los hombres. El ideal deseado es la unión de todos los hombres. La dispersión es un castigo de Dios.

El autor bíblico está también en polémica con el orgullo de los babilonios, que daban a sus torres el nombre de *Bāb-ilu*, es decir: "puerta de dios"; el autor quiere decir que esas torres no son "puertas de Dios" (*Bab-ilu*), sino *Babel*, es decir, confusión, según la etimología popular.

Así explica la Biblia la existencia de tantas lenguas en el mundo. El hombre perdió su unidad a causa del orgullo.

La forma literaria que empleó el autor para explicar lo que todos ya sabían y sentían fue la descripción de la construcción de una torre. Explicó el porqué. A su modo. A la manera de las leyendas de nuestros indígenas sobre el origen de la luna, de la noche, del río Amazonas, etc.

# 18

## ¿Por qué actualmente el hombre no puede tener varias mujeres, si la Biblia lo permitía antiguamente?

En efecto, la Biblia habla de la poligamia (= tener varias mujeres) como una costumbre de muchos personajes bíblicos. La poliandria (= tener varios hombres) no existe en la Biblia.

En la época patriarcal, Abrahán, Nahor, Elifaz, Jacob tuvieron varias mujeres cada uno (Gn 16, 1-2; 22, 20-24; 29, 13-30, etc.) Esaú tuvo 3 mujeres (Gn 26, 34; 28, 9; 36, 1-5). Más tarde en la época de los jueces y de los reyes, hubo casos de poligamia ilimitada, por ej., Gedeón (Jc 8, 30-31), David (2S 3, 2-5; 15, 16) y el famoso caso de Salomón que tuvo ¡700 esposas y 300 concubinas (1R 11, 3)! El caso de Salomón es una exageración literaria basada, eso sí, en la costumbre de la poligamia real.

El motivo de la poligamia en el AT es cultural, es decir, hace parte de las costumbres locales de la época. Expresaba el poder económico del hombre, su capacidad de mantener una casa con tantas mujeres. Por otro lado, dentro de la concepción machista oriental, el hombre deseaba tener una familia numerosa que le aseguraba más fuerza política, más poder, mayor prestigio. De manera general, esto era especialmente para los reyes y los príncipes. Estos querían mostrar su poder, su influencia, su fuerza, mediante el número de mujeres que tenían. Ese era su criterio. Hoy, ese poder, prestigio y fuerza se miden por ¡los dólares que se tengan en Suiza!

En este cuadro de poligamia, debemos ubicar a los patriarcas y a los reyes bíblicos, ellos adoptaron esa costumbre. No pueden ser censurados por eso y menos aún invocar su modo de actuar como justificación para la poligamia de hoy en día. Ellos vivían en cuadro cultural muy diferente del nuestro.

Debe tenerse presente que ya en la monarquía (y aun desde el tiempo de los jueces) la monogamia (= una sola esposa) era el estado de vida más común. Se conocen pocos casos de poligamia. Los libros sapienciales, que nos presentan el cuadro de las costumbres familiares de aquellos tiempos, nos muestran la familia como una comunidad monogámica (Pr 5, 15-20; 31, 10-31; Qo 9, 9; Si 26, 1-4)[18]. El libro de Tobías es un elocuente testimonio de monogamia. Los profetas, principalmente, hablan de Israel como la *esposa única del Dios único.* Así que la monogamia está más presente en la Biblia que la poligamia (Os 2, 4-5; Jr 2, 2; Is 50, 1; 54, 6-7, etc.)

Jesús dice que la monogamia es el estado conyugal querido por Dios desde la creación (Mt 19, 3-9) y que toda desviación es obra de "la dureza del corazón" del hombre (Mt 19, 8).

Pero ya en el AT hay un gran esfuerzo por subrayar que la monogamia es el estado matrimonial querido por Dios, conforme al relato bíblico de la creación (Gn 2, 18-24).

La Biblia no autoriza, pues, la poligamia; al contrario quiere reforzar siempre la estabilidad familiar monogámica.

# 19

## La Biblia dice que Dios mandó a Abrahán sacrificar a su propio hijo Isaac ¿Cómo puede Dios exigir esto?

Quien leyere el relato bíblico y lo interpretare al pie de la letra, sentirá, sin duda alguna, ¡rebeldía e indignación contra Dios! En efecto nunca se comprendería que Dios exigiera a Abrahán, como prueba de su fidelidad, ¡el sacrificio de su propio hijo! Un caso semejante narra la Biblia en el libro de los Jueces (Jc 11, 29-40), cuando otro padre llamado Jefté, sacrificó su hija a Dios por una promesa que había hecho. Son actitudes y relatos que hieren profundamente nuestra sensibilidad.

Pero los textos bíblicos no pueden leerse al pie de la letra, como se ha repetido aquí tantas veces. Esta narración es también un género literario, es decir, un modo de escribir. Su finalidad es la

18. El libro del Eclesiástico tiene varias maneras como puede citarse en las Biblias. Algunas, por ej. la Biblia de Jerusalén, traen el nombre tradicional, como también la Biblia Latinoamericana; en algunas otras ediciones, Ud., puede encontrar que lo llamen Sirácides.

de ilustrar dos grandes ideas: primera, la *fidelidad* de Abrahán a Dios; segunda, mostrar que el *Dios de Abrahán es un Dios de vida y no de muerte.*

Para el autor, Abrahán fue tan fiel al Dios verdadero que, para cumplir su compromiso con él, estaba dispuesto hasta sacrificar a su propio hijo, como lo hacían los fieles de las religiones paganas con sus ídolos.

Por esa absoluta fidelidad, Abrahán fue digno de que se le hicieran grandes promesas por parte de Dios: tener una descendencia numerosa como el polvo de la tierra o las estrellas del cielo (Gn 13, 16; 15, 5).

Toda la fuerza del relato está en el énfasis que hace de la fidelidad de Abrahán a su Dios y en el alto grado de sacrificio que estaba dispuesto a hacer por Dios, quien se le reveló en la larga marcha y con el que se había comprometido. Por otra parte, la narración es, según la Biblia, un rechazo total a la costumbre cananea de sacrificios de los primogénitos en honor de los dioses. Esta costumbre es rechazada por Dios (Lv 18, 21; 20, 2-5; Dt 12, 31; 18, 10). Pero algunos reyes impíos habían intentado introducir dicha práctica en Israel (2R 16, 3; 21, 6; 23, 10). Contra tal abuso, protesta el autor y emplea la historia de Abrahán para mostrar que el Dios de Israel es un Dios de vida y no de muerte. Inserta, entonces, ya en la historia de Abrahán, el rechazo de Dios a esa costumbre pagana. Enfatiza así la tradición israelita del respeto por la vida: los primogénitos israelitas eran *rescatados* (Ex 13, 11-12) y no sacrificados, es decir, eran consagrados al Señor y no ofrecidos en sacrificio.

Este episodio puede ser considerado como relato de "fundamentación de santuario", es decir, está elaborado con la intención de mostrar a los lectores que en el monte Moria había un santuario dedicado al Dios vivo, al Dios de Israel, en el que no se ofrecían víctimas humanas, sino sólo animales. Este monte Moria era el monte sobre la cual Abrahán debía sacrificar a su hijo según Gn 22, 2 y según la tradición de 2Cro 3, 1 fue el monte en el que se construyó el templo más tarde.

El relato unifica así, en una sola historia, varios datos teológicos del AT: el rechazo de Dios por los sacrificios humanos (Yavé

49

quiere decir *vida* y no muerte), la importancia del monte Moria como lugar de la presencia de Dios (*Shekiná,* Gloria; cf Ex 16, 7. 10; 24, 16. 17; 40) y era la garantía de esa presencia y de esa gloria en el templo de Jerusalén (1R 8, 10-13).

Leído desde esta perspectiva, el relato del sacrificio de Isaac pierde todo el carácter de tragedia y gana en colorido histórico y teológico especial, lo cual lo convierte en uno de los más logrados y significativos relatos bíblicos: quiere mostrar la absoluta fidelidad de Abrahán a Dios; enfatiza la idea de la originalidad del Dios de Israel, Dios de vida (y no de muerte como los dioses paganos); es un relato histórico-litúrgico sobre la existencia de un santuario para Yavé en el monte Moria (en donde estaba edificado el templo en el tiempo del autor); y finalmente, a la luz del NT, ese relato tipifica la pasión del Hijo único de Dios, sacrificado por el pecado del mundo, como víctima de la alianza definitiva.

# 20
## ¿La mujer de Lot se convirtió en estatua de sal?

Esta narración se encuentra en Gn 19, 23-26. Ese capítulo narra la destrucción de dos ciudades, Sodoma y Gomorra, en las que se practicaban libremente la homosexualidad. El episodio citado pertenece a esta narrativa, cuyo núcleo es la condenación de la homosexualidad: ésta es una práctica abominable a los ojos de Yavé (Lv 18, 22) y está sancionada con la pena de muerte en el AT (Lv 20, 13).

La región de Sodoma y Gomorra, junto con las ciudades Adamay y Seboim (Gn 14; Dt 29, 22-23), fueron escenario de un cataclismo, tal vez de un incendio. La región es betuminosa y tiene una gran reserva de gas natural. Es la región que actualmente cubre el mar Muerto[19]. La narración quiere explicar por qué desa-

---

19. El mar Muerto tiene 80 km de largo por 15 de ancho en su punto máximo. Su profundidad es de 450 metros. Está a 400 metros, bajo el nivel del mar. Su agua es 25% más salada que el agua de los otros océanos. En este mar no hay peces ni ningún tipo de planta acuática o marina. Está formado por las aguas del río Jordán. Sus aguas no tienen salida y la evaporación es muy alta.

parecieron estas ciudades y relaciona el cataclismo con la homosexualidad practicada allí.

Había en la región una roca de sal en forma humana (semejante, por ejemplo, a algunas de las figuras de piedra [gredas rojizas] que existen en Vila Velha en Paraná). Una leyenda decía que aquella roca era la mujer de Lot que, desobedeciendo la orden de Dios, miró para atrás y fue convertida en estatua de sal, en castigo. El texto lo repite; es una explicación popular para ese capricho de la naturaleza. Claro está que la mujer de Lot no se convirtió en estatua de sal.

Jesús hace referencia popular a ese hecho queriendo expresar cómo debe ser la decisión que ha de tener quien quiera seguirlo; no se puede ser indeciso como "la mujer de Lot" y quedarse mirando para atrás (Lc17, 32; 9, 62).

# 21
## ¿Por qué habla la Biblia del incesto de las hijas de Lot?

Se llama incesto la relación sexual entre consanguíneos afines o adoptivos. La Biblia narra el incesto de las hijas de Lot en Gn 19, 30-38.

El episodio no narra un acontecimiento real, histórico; es una burla de mal gusto y una ofensa que los israelitas pretendían hacer a los moabitas y a los amonitas. Es un relato considerado como apéndice de la narración de la destrucción de Sodoma y Gomorra de Gn 19. Se dice en Gn 19, 29 que Dios hizo que Lot huyera de la destrucción, pues él vivía en Sodoma. Según los estudiosos, la narración termina en ese punto.

La añadidura (19, 30-38) es posterior y narra una historia que corría en la tradición popular de los hebreos en relación con sus vecinos que eran también sus enemigos: los moabitas y los amonitas. Estos pueblos tenían un lejano parentesco con los israelitas. Fueron sus grandes enemigos tanto por la religión, como por la política y la guerra. Los moabitas fueron una monarquía mucho antes que los hebreos (Jc 3, 12-30); la religión era politeísta y ofrecían sacrificios humanos a sus dioses (2R 3, 26-27). Por todo esto, eran despreciados y odiados por los judíos a tal punto que el libro del Deuteronomio dice que los hijos de un israelita con una moabita no pueden ser aceptados en la comunidad israelita ni siquiera en la décima generación (Dt 23, 3-4). Estos dos pueblos Israel y Moab vivían en constante conflicto (1S 14, 47; 2R 3, 4-27; 2Cro 20, 1-30, etc.).

Lo mismo sucedía con los amonitas, tribu aramea. Estos eran igualmente enemigos de los israelitas, tanto en la religión como en las costumbres y en la política. Los conflictos entre los dos pueblos son recordados con frecuencia en la Biblia (Jc 3, 13; 10, 6-9; 11, 1-12, 4; 10, 1-11, 1).

Por todo esto, estos dos pueblos eran odiados por los judíos. También los profetas criticaron violentamente a los amonitas y moabitas por que los consideraban como una tentación para la fe de los israelitas (Am 1, 13-15; So 2, 8-11; Jr 9, 25; 48; 49, 1-6; Is 15, etc.).

La historia de Gn 19, 30-38 fue inventada por causa de esa gran enemistad. Puesto que amonitas y moabitas se consideraban parientes de los israelitas, éstos quisieron mostrar "históricamente" el origen de ese parentesco. Y se inventaron esa historia: estos pueblos nacieron de un incesto entre un padre viejo y borracho y sus propias hijas. Lot, el padre de amonitas y moabitas, era sobrino de Abrahán, el gran patriarca y padre del pueblo judío (Gn 13, 8).

En verdad, esto no sucedió. Es una historia de mal gusto, hostil y ofensiva. Fue la forma literaria encontrada por los judíos para ofender e insultar a sus vecinos moabitas y amonitas. La historia inventada tiene como fundamento el significado de las palabras Moab y Amón. *Moab* en hebreo significa "salido del padre" y *Amón* significa "hijo de mi pariente". La historia juega con esos términos, con un juego ofensivo y humillante[20].

---

20. Cf Grollemberg, L.H. *A nova imagem da Biblia*. Herder, SP, 1970, pp 63-64.

## 22

## La Biblia dice que Jacob luchó con Dios y lo venció. ¿Cómo puede suceder eso?

Evidentemente el hombre no puede luchar cuerpo a cuerpo con Dios, como aparece en el relato (Gn 32, 23-32).

La Biblia usa muchas historias religiosas que corrían de boca en boca y las transmite, dándoles, eso sí, una base teológica. Esta es una de esas historias: Jacob está luchando con Dios y lo está venciendo; pero al darse cuenta de que estaba luchando con Dios le pide que lo bendiga y que le diga su nombre. El extraño luchador lo bendice, pero no le comunica su nombre. Terminada la lucha, Jacob anda cojo de una pierna. Y el texto concluye que por eso hasta el día de hoy los israelitas no se comen el nervio ciático (v 33).

Hay aquí dos elementos importantes en la vida religiosa del pueblo hebreo. El primero es la explicación que el pueblo quiere dar del nombre "israelita" que es su nombre. El segundo es la explicación del nombre "Fanuel" con el que se designaba un lugar de culto en el Yaboc y muy conocido por el pueblo.

Las explicaciones son las siguientes: el nombre "israelita" viene de Israel, nombre dado por Dios a Jacob (Gn 33, 20); y se le dio porque Jacob luchó con Dios. En hebreo se decía is-ra-el y se entendía popularmente como el hombre que luchó con Dios. Otros estudiosos opinan que Israel significa "el que vio a Dios" o sea que Jacob tuvo una gran lucha interior para adherir a Yavé y serle fiel, como su padre Abrahán.

Luego de esa gran lucha logró adherir a Yavé y ser bendecido por él.

En cuanto a "Fanuel" —nombre de un lugar de culto, como se dijo— es el lugar en donde el hombre está "delante de Dios" (Fanuel en hebreo significa "rostro de Dios", "delante de Dios"). Y se llamó así precisamente porque ahí el patriarca Jacob vio a Dios cara a cara, estuvo delante de él. Este es el aspecto etiológico de la narración. El aspecto teológico es la explicación del nombre Israel. Estos dos aspectos forman el núcleo de la historia.

La mención del nervio ciático es una alusión a una norma alimentaria: el israelita no podría comer el nervio ciático. Sin embargo, tal norma no es mencionada en ningún otro lugar de la Biblia.

# 23

## ¿Cómo deben entenderse las famosas "plagas de Egipto"? ¿Fueron reales o son leyendas religiosas?

Las famosas "plagas de Egipto" vienen narradas en Ex 7-12. Mucho se ha discutido y escrito sobre las mismas. Para algunos autores, especialmente antiguos, estas plagas ocurrieron en la realidad. Fueron verdaderos milagros obrados por Dios en favor de su pueblo. Para otros estudiosos, las plagas deben ser estudiadas dentro del contexto más amplio: cultural, literario y teológico. Desde esta perspectiva, pierden mucho de su carácter milagroso y se vuelven "señales" de la acción de Dios en la historia.

Por claridad y por el contenido mismo de las plagas, dividiremos la explicación en dos partes: una parte presentará las primeras nueve plagas; la segunda se dedicará a la décima plaga en especial.

*LAS DIEZ PRIMERAS PLAGAS*

1a. Conversión de las aguas del río Nilo en sangre (7, 14-24)
2a. Invasión de ranas en los ríos y en las casas (7, 26-8, 11)
3a. Oleada de mosquitos (8, 12-15)
4a. Ataque de moscas venenosas (8, 16-28)
5a. Peste del ganado (9, 1-7)
6a. Úlceras en los hombres y en los animales (9, 8-12)
7a. Granizo (= lluvia de piedra) (9, 13-35)
8a. Invasión de langostas (10, 1-20)
9a. Tinieblas en el país (10, 21-27)
10a. Muerte de los primogénitos (12, 29-34)

La finalidad de las plagas, según la narración, era la de persuadir al faraón[21] para que dejara salir al pueblo. El punto culminante del libro está en los capítulos 14-15, victoria sobre el faraón en el mar Rojo, con la consiguiente liberación del pueblo. El camino de la liberación fue preparado largamente por Dios mediante las *plagas*. Y estas "acciones prodigiosas" de Yavé en favor de su pueblo se recuerdan siempre en las confesiones de fe de Israel (Dt 4, 34; 6, 22; 7, 19; 26, 8; Jos 24, 5; Sal 78, 43).

Todas esas "acciones prodigiosas" son llamadas en el texto "señales" y "prodigios". Son "señales" porque deben ser interpretadas. Actualmente, algunos autores dicen que estas plagas fueron fenómenos naturales conocidos en Egipto. El aspecto extraordinario estaría en la intensidad y en la rápida sucesión de los mismos.

El texto muestra que los magos egipcios son capaces de hacer muchas de estas señales. Pero otras, no. Se declaran incapaces. "Ahí está el dedo de Dios" (8, 15). Que los magos participen en la provocación de las plagas es algo que permite dudar que estas plagas hayan sido fenómenos naturales o extraordinarios.

Una anotación general sobre las nueve primeras plagas: era de esperarse que el faraón y los egipcios se asustaran con las primeras plagas y dejaran salir al pueblo lo más rápidamente posible. Pero esto no ocurrió. Al contrario, como dije, algunos magos repitieron algunos de los prodigios y al faraón no le importaron más las amenazas. En este sentido, ¡las plagas fueron un fracaso! Sólo después de la última, la décima (11, 1), el pueblo pudo irse.

El lector israelita no se desilusionaba cuando leía o escuchaba estos relatos. Pues no desconfiaba del poder de Yavé ya que sabía el final de la historia. Yavé vencerá al faraón y libertará al pueblo. Para el israelita, lo más importante era la liberación. Las plagas no fueron sino un camino para lograrla.

Conviene hacer alguna observación literaria sobre el texto.

La actual narración de las plagas se originó en dos narraciones diferentes que fueron luego fundidas en una sola, la actual. El número de las plagas variaba en una y otra. Una tradición decía

---

21. El término faraón es egipcio (pa'r oh o también per-âa) y significa casa grande, palacio. No es un nombre personal, sino títulos de los reyes de Egipto a partir de la 18a. dinastía (S 16 aC).

que las plagas habían sido siete (Siete es un número de plenitud para los judíos. Así las narraciones enseñaban que las plagas fueron un castigo divino, total, pleno).

La manera de contarlas es igualmente distinto en cada una de las narraciones. Los autores empleaban un esquema apropiado para que el pueblo las pudieran grabar fácilmente en la memoria.

La primera narración hablaba de tres plagas únicamente: 3a., 6a., y 9a., de las actuales diez. La segunda narración traía seis: 1a., 2a., 4a., 5a., 7a., y 8a.

El esquema de la primera narración es siempre éste: palabra de Dios-orden-ejecución. Por ejemplo:

Palabra de Dios: "Y Dios dijo...".
Orden de Dios: "manda... di... toma... extiende...".
Ejecución: "Aconteció... extendió... tomó..." (cf Ex 8, 12; 9, 8s; 10, 21s).

El esquema de la segunda narración es como sigue: siempre emplea dos fórmulas: "de mañana" y "anda y ve al faraón" o (o "preséntate").

De esta manera el esquema queda así:

1a. plaga: "Por la mañana, ve a encontrar al faraón" (7, 15)
2a. plaga: "Preséntante al faraón" (7, 26)
4a. plaga: "Por la mañana" (8, 16)
5a. plaga: "Preséntate al faraón" (9, 1)
7a. plaga: "Por la mañana" (9, 13)
8a. plaga: "Preséntate al faraón" (10, 1)

Tal esquema facilita al lector que memorice el relato, pues las fórmulas se alternan.

Partiendo de estas observaciones, podemos entonces preguntarnos por la realidad histórica de las plagas. Si es o no histórico el relato de las mismas.

Para nosotros un hecho es histórico cuando puede ser comprobado, verificado. En este sentido, las plagas no son históricas, pues no pueden comprobarse por ningún otro medio que no sea el relato bíblico. Pero el autor bíblico o los autores no tenían ninguna intención de describir la naturaleza de los fenómenos. Lo que ellos quieren decir es que en la liberación de su pueblo Dios estuvo tan presente que sólo un corazón obcecado no podía percibir su presencia.

Para relatar la acción liberadora de Yavé, los autores usaron el artificio literario de las plagas o sea de los castigos. La fuente de información para ellos fue la tradición oral del pueblo. Y la tradición del recuerdo de que Dios actuó en favor de su pueblo con "mano poderosa" era fuerte (cf Ex 6, 1; 32, 11; Dt 3, 24; 4, 34; 5, 15; 6, 21; 7, 8; 9, 26; 11, 2; 26, 8; Ne 1, 10; Sal 136, 12, Jr 32, 21; Dn 9, 15, etc.). Para concretizar la expresión "mano poderosa" los autores emplearon el artificio de las "plagas", que tienen cierta base histórica, pero que fueron reelaboradas.

El núcleo histórico del relato de las plagas es el siguiente: "YAVE ACTUO EN LA HISTORIA DE LA LIBERACION DEL PUEBLO DE ISRAEL". Esto es cierto, histórico, comprobable, real. La composición y la redacción literaria de esa acción liberadora de Dios se hicieron mucho tiempo después del éxodo y sigue la línea de las tradiciones del pueblo. Una tradición oral siempre enfatiza un aspecto, exagera otro, olvida otro y no siempre sigue una línea lógica. Y esto se percibe en el relato de las plagas. Estas no sucedieron tal cual está en el relato. Se dan muchas contradicciones en los relatos y muchas cosas difíciles de creer. Por ej., las aguas transformadas en sangre que alcanzaron hasta los árboles y las piedras (Ex 7, 19). Es algo difícil o imposible. Contando además con que los magos hicieron lo mismo en seguida, es decir: hicieron lo que ya estaba hecho. (Ex 7, 22). Las moscas invaden únicamente las casas de los egipcios (8, 18). Igual cosa ocurre con la peste que sólo afecta al ganado de los egipcios (9, 4-6). En 9, 23-26 se lee que ¡cayó la lluvia mezclada con fuego (v 24) y que cayó sólo en el territorio egipcio! El ganado de los egipcios que murieron en la 5a. plaga (9, 6) es afectado por las úlceras en la 6a. plaga (9, 19). Finalmente, las tinieblas cubren solamente la mitad de la ciudad, la parte en donde habitaban los egipcios; ¡en la parte habitada por los hebreos había luz! (10, 22-23).

Es bobada querer explicar las plagas, su historicidad, recurriendo a la providencia divina. Esto es introducir en el texto algo que no hay en él.

También es necedad, por otra parte, decir que todo lo que está narrado se explica naturalmente como fenómenos de la naturaleza. Primeramente, porque hay fenómenos que nunca ocurren en Egipto, como por ej., el granizo, que es algo muy raro que ocurra allí, según dicen los estudiosos; en segundo lugar, porque aceptar esta explicación implica que estamos frente a hechos históricos, acontecidos, comprobables. Lo cual no es cierto, pues el autor no está haciendo un reportaje. Y aunque los fenómenos hubieran sido naturales, su sucesión es tal y tan intensa que sobrepasa lo natural.

Es importante anotar que los hebreos no se interesan en los fenómenos naturales *en sí*. Para ellos los fenómenos naturales son expresión de Dios, teofanías. No es necesario alterarlos o alterar el orden de los mismos para que un hebreo perciba que se trata de algo extraordinario. El israelita veía a Dios en todas las cosas, sin que fuera preciso alterar su naturaleza. Las plagas no son, pues, un cambio radical en los fenómenos naturales. Para el hebreo son un modo literario de decir que *Dios actuó en la historia del pueblo de un modo muy concreto.*

Dijimos que había un fondo histórico en el relato de las plagas. Ese fondo está constituido, lo afirmamos, por acontecimientos que se dieron naturalmente, y que fueron entendidos por los israelitas como castigos de Dios contra los egipcios. Acontecimientos que ciertamente fueron pocos, como por ej., el granizo (raro pero que ocurre excepcionalmente), el desbordamiento anormal de las orillas del Nilo con el consiguiente enrojecimiento de las aguas; la aparición de nubes de moscas luego de una gran inundación; la aparición de nubes de langostas e inclusive la "muerte de los primogénitos".

Cuando la tradición oral sobre la salida de los hebreos de Egipto se escribió, el autor juntó todos los cuadros coloridos de que disponía y los refundió en un solo cuadro, multicolor, con todas las exageraciones y contradicciones que tienen las tradiciones orales.

En síntesis y repitiendo lo dicho hasta ahora: las plagas son históricas como concretización de la acción de Dios en la historia de la liberación del pueblo hebreo de Egipto. Son expresiones *concretas* y literarias del refrán conocido por todo el pueblo hebreo y usado siempre en las confesiones de fe: "Yavé actuó en favor de nuestros padres *con mano poderosa y brazo extendido*" (Dt 4, 34; 7, 19; 26, 8; Sal 136, 12)[22].

## LA DECIMA PLAGA

La décima plaga es muy especial. Se destaca de las demás. La narración de la muerte de los primogénitos de los egipcios es muy difícil de explicar si nos quedamos en el texto en sí mismo: a la media noche el Señor mató a todos los primogénitos de los egipcios, desde el primogénito del faraón hasta el primogénito de los animales sin hacer ningún mal a los hijos de los hebreos (11, 7 y 12, 29).

La historia es bastante confusa. En el capítulo 10, 28-29, el faraón expulsa a Moisés de su presencia y el mismo Moisés le dice al faraón que no volverá a su presencia. Sin embargo, en el capítulo 11 Moisés está en la presencia del faraón y ahí mismo se dice que Moisés tenía gran prestigio en todo Egipto, en la corte y en el pueblo. Es más: los personajes que componen la historia de la muerte de los primogénitos, en el capítulo 11, son un tanto oscuros: no se habla del faraón pero está presente en la historia; no se sabe a quien habla Moisés, aunque se diga que luego de hablar, salió de la presencia del faraón. Aun después de haber dicho que Moisés había salido de la presencia del faraón, el texto dice nuevamente que Moisés y Aarón hicieron una vez más prodigios delante del faraón.

Esta décima plaga fue considerada siempre como la decisiva en la liberación del pueblo. Para los intérpretes antiguos, esta plaga debe ser entendida al pie de la letra: de hecho murieron todos los primogénitos de los egipcios y se salvaron todos los israelitas. Y todo aconteció por obra de Yavé.

22. Cf. *Plastaras*, J. *Il Dio dell'Esodo*. Turín, 1977, pp 84-100.

Sin embargo, dicha interpretación no puede aceptarse pues no se conoce ninguna referencia a ese acontecimiento en la historia de los pueblos antiguos, principalmente en la historia de los pueblos vecinos de Egipto. Si tamaña desgracia hubiera sucedido en una nación, habría quedado registrada en la historia. Y no lo está.

Los estudiosos dicen que en ese relato hay dos núcleos: un núcleo *histórico* y un núcleo *teológico-cúltico*. El núcleo histórico consiste en que, en efecto, hubo un acontecimiento dramático que afectó a los primogénitos de los egipcios. San Jerónimo dice, citando una antigua tradición judía, que en aquella noche, citada en Ex 11, 4-6, todos los templos egipcios fueron destruidos por un terremoto y se supone que aquella noche se celebraba la fiesta de "la presentación de los primogénitos" a las divinidades. Esta era una fiesta tradicional en el calendario egipcio. En este terremoto murieron todos los primogénitos egipcios, pues estaban reunidos en el templo. No sólo murieron los primogénitos, sino que fueron destruidos los templos de los dioses egipcios.

Estas informaciones de san Jerónimo (*Epístola 78ª. a Fabiola*, ML 22, 701) tienen alguna base en el texto bíblico (Ex 12, 12; Nm 33, 4). En estos textos se dice que Dios "ejerció su justicia y su juicio contra los dioses de Egipto".

La décima plaga sería entonces un acontecimiento real: habría habido en la historia de Egipto una tragedia de grandes proporciones que cegó la vida de todos los primogénitos que habrían estado reunidos para una fiesta religiosa de presentación. La tragedia —un terremoto— habría derrumbado el gran templo de los dioses de Egipto. Este fenómeno habría sido interpretado por el texto bíblico como una venganza de Yavé contra los dioses.

Otros autores, sin embargo, partiendo de los mismos textos (Ex 11-12), proponen una explicación diferente. Según estos autores, la muerte de los primogénitos fue provocada por los jefes del pueblo hebreo que se habrían insurreccionado. Ellos fueron los "enviados de Yavé" el "Exterminador" del que habla el texto (Ex 12, 23). Los mismos textos bíblicos apoyan esta interpretación: los judíos no podían salir de sus casas por que era noche de pascua (Ex 12, 21-22); sus casas eran distintas de las casas de los egipcios y no corrían el peligro de que fueran confundidas porque, además, estaban marcadas con la sangre del cordero (12, 21-22); los egipcios reunieron a sus primogénitos en un templo para la fiesta de la presentación —según san Jerónimo—. Esto facilitaría la acción vengativa de los jefes del pueblo hebreo. Además era una noche de luna llena, ya que la pascua se celebraba siempre en la primera luna llena de primavera (Ex 12, 6).

La intervención de Yavé, provocando la muerte de todos los primogénitos como también derrumbando el gran templo de los dioses, provocó el dolor común. Ante este dolor, la atención de los egipcios y la oposición del faraón se esfumaron. Fue el momento oportuno para que los hebreos se fueran, aprovechando la ocasión. Esa partida constituyó el llamado *éxodo-fuga* que motivó, inmediatamente, la feroz persecución por parte del faraón y de los egipcios (Ex 14, 5ss).

La muerte de los "primogénitos de los animales" se recuerda en el texto como por redundancia, es decir, que puesto que Yavé afectó a los primogénitos de los hombres, con mayor razón alcanzó a los primogénitos de los animales. De lo contrario, la actuación de Yavé no hubiera sido completa. El contexto subraya la importancia y el riesgo de ser el primogénito.

Este sería el núcleo histórico del relato. Sin embargo, afirmamos que no es necesario considerar como histórica la muerte de *todos* los primogénitos. Si hubiera sucedido esto, algún registro en la historia habría quedado. Y no lo hay. Seguramente ocurrió una tragedia local en el día de la "presentación de los primogénitos" en la que murió mucha gente principalmente primogénitos. Dicha tragedia ocasional fue interpretada por los hebreos como una señal de la presencia y de la oportuna actuación de Yavé para la liberación del pueblo. Y aprovecharon la ocasión. Este núcleo histórico fue luego reelaborado por el autor sagrado: los primogénitos no deben ser sacrificados a los dioses sino *consagrados* a Yavé. Los primogénitos de los animales, sin embargo, deben ser sacrificados (Ex 13, 1-2. 11-16).

El núcleo *teológico-cúltico* está constituido por esa consagración de los primogénitos a Dios. A partir de la liberación de Egipto, el pueblo de Israel debe ser consciente de que él es el "primogénito" de Yavé. Es el pueblo escogido entre todos los pueblos. La eliminación de los primogénitos, tanto de hombres como de animales, es la señal de dicha elección, dice el texto. Como memoria de esa pertenencia, Israel deberá consagrar a Yavé todos los primogénitos, tanto de hombres como de animales. Los primogénitos de Israel no deben ser sacrificados sino "santificados", es decir, separados, dedicados al Señor. Aquí entra el rito de la consagración o aspecto *cúltico* del relato. La consagración de los primogénitos a Yavé, tiene el sentido de separación: dar a Yavé las primicias. Tal rito desmitifica la costumbre cananea del sacrificio de los primogénitos. Con ese rito cúltico-teológico el relato quiere subrayar que Yavé es el autor y defensor de la vida. No quiere la muerte de nadie. Y también en este sentido debe ser leída la historia del sacrificio de Isaac: Dios no quiere la muerte del hombre, por eso se da la substitución del hombre por el animal[23].

## 24

## ¿Cómo fue posible que las aguas formaran dos muros cuando los israelitas pasaron el mar Rojo?

La narración se encuentra en Ex 14, 15-31. Ante el relato, cualquier lector queda intrigado y se plantean preguntas muy lógicas: ¿Será posible separar en dos columnas unas aguas que corren? ¿Por qué los egipcios fueron sepultados por las aguas y los israelitas no? Y otras preguntas.

La imagen plástica que nos hacemos dividiendo el mar en dos partes, formando un corredor seco para que pasaran los israelitas, es fantasía de romances y de película, así los vv 21 y 22 hablen de esto. Dividir las aguas de esa manera es algo antinatural y exigiría una intervención milagrosa de Dios. La cosa es, sin embargo, más simple y por lo mismo más sorprendente.

Es bueno anotar, desde ahora, que el texto citado no designa al mar como mar Rojo, sino que habla solamente de mar. La designación "mar Rojo" es de procedencia etiópica[24] , asumida luego

23. Cf *Plastaras*, J. *Op. cit.*, pp 101-107; *Bartina.*, S. *La Sagrada Escritura AT/I.* Madrid, 1967, pp 385-397.

24. La traducción etiópica de la Biblia se hizo partiendo del texto griego en el s IV. De dicha traducción se hicieron la copta y la árabe. Es el mar Rojo que baña toda la costa de Etiopía.

por la traducción griega del AT y por el NT (por ej., Hch 7, 36; Hb 11, 29). Mar Rojo es la traducción griega del hebreo yam-súf, que significa mar de las cañas, plantas abundantes en el norte del Delta[25]. Donde hay cañas no hay profundidad. El texto dice que los israelitas entraron en el mar *a pie seco*. Y explica: *"Yavé hizo soplar durante toda la noche un fuerte viento del Oriente que secó el mar. Se dividieron las aguas. Los israelitas pasaron en seco, por medio del mar"* (Ex 14, 21-22). El fuerte viento que sopló durante toda la noche, sobre las aguas bajas del mar de las cañas, hizo que esas aguas retrocedieran, dejando abierto el camino (= *los pies secos*), de los que habla el texto). Es un fenómeno observable en cualquier mar, en cierto modo. La "división de las aguas" a la que se refiere el texto no puede entenderse como en el cine, sino en el sentido de que las aguas retrocedieron. El aspecto sorprendente es que no es común o normal que eso suceda. La intervención divina estaría en la precipitación del fenómeno por orden de Moisés.

La idea que se tiene de que las aguas del mar se dividieron, procede de la expresión: *"Las aguas se dividieron... y formaban murallas a derecha e izquierda"* (Ex 14, 21b-22). La impresión que se tiene es que, de hecho, los israelitas pasaron por un corredor seco, dentro del mar, y con el agua a lado y lado. Esto es algo imposible. Sin duda alguna, Dios puede hacer milagros, pero no los hace contra el buen sentido. ¿Cómo podrían detenerse las aguas que corren con el flujo y reflujo del mar y formar unos muros? La acción de Dios es más simple.

Todo esto se plantea a partir de los textos de Ex 14, 21-22. Pero, ni las conclusiones, ni las dudas, ni el supuesto milagro que se sacan de este texto están en la intención del autor. Este habla de otra cosa más importante y más significativa que la de pasar milagrosamente por entre las aguas del mar.

---

25. La Biblia hebrea fue traducida al griego en el 245 aC, aproximadamente. Es llamada "traducción griega" o también "Traducción de los 70". Se cuenta que 72 sabios, 6 de cada una de las tribus de Israel, hicieron ese trabajo en Jerusalén. Esto no es histórico, sino folclor religioso. —Delta, significa aquí la desembocadura del río Nilo, formada por varios canales y pequeñas islas y forma como una D griega y de ahí que se le llame Delta.

*¿De qué habla entonces el autor?*

Describe la lucha que el pueblo trabó para salir de Egipto y que a pesar de tantos enemigos a derecha e izquierda, el pueblo de Israel, por obra de Yavé, logró vencerlos y llegar a la tierra prometida.

El grupo sacerdotal que redactó la tradición religiosa sobre la victoria de Yavé en Egipto siguió el esquema litúrgico para escribirla. El esquema litúrgico tiene la finalidad de mostrar la fuerza y la eficacia de la *palabra de Dios*. En el relato lo podemos observar. La palabra de Dios pronunciada produce siempre su efecto, se cumple. En el texto, Dios habla (Ex 14, 1-4) y su palabra se cumple (Ex 14, 8-9); habla de nuevo (14, 15-17) y nuevamente se cumple su palabra (14, 22-23) y por tercera vez habla (14, 26) y nuevamente su palabra se cumple (14, 27).

El esquema litúrgico-sacerdotal desea celebrar el acontecimiento de la liberación en un rito, donde la palabra de Dios tiene toda su fuerza. Dios libera mediante su palabra. Las fuerzas del mal de las que es liberado por Dios, están simbolizadas, en este esquema litúrgico, por el *mar* y por las *aguas del mar*. Dentro del simbolismo cósmico, las aguas tienen no sólo el simbolismo de salvación, sino también el de peligro y destrucción[25a].

La redacción sacerdotal compara las "aguas peligrosas" con los enemigos de Israel, tanto los egipcios opresores como los pueblos hostiles, que Israel encontró en su camino hacia la tierra prometida (2S 22, 17-18; Sal 69, 1. 15; Is 8, 7; 28, 2; Jr 51, 55). Eran aguas peligrosas a derecha e izquierda del pueblo. No obstante, por la palabra de Dios, por la fuerza de Dios, el pueblo logró pasar ileso (*a pie seco*), por un corredor de peligros a derecha e izquierda (=*división de las aguas*)[26].

---

25a. Cf *Mckenzie*, J. L. *Op. cit.*, Subtítulo: "Agua" p 19.

26. Quizá pueda entenderse simbólicamente la expresión utilizada en Ex 14, 21: "Un fuerte viento que sopló del oriente durante toda la noche" secó las aguas. Viento y soplo son traducidos en hebreo por el término ruah. Ruah significa igualmente "espíritu" "hálito" de Dios, vida. Por la fe en la palabra de Dios, el pueblo logró pasar con seguridad por medio de tantos peligros y consiguió seguir viviendo. Dios "secó" los peligros y el pueblo pudo caminar tranquilamente y salvarse.

El texto informa que fue Dios quien condujo seguramente al pueblo a la liberación; dice que Dios es fuerza omnipotente; venció al faraón y a los enemigos del pueblo.

Esta es una interpretación exegéticamente correcta del relato sobre el paso del pueblo por medio de las aguas (Ex 14, 15-31). Y esta interpretación encuentra apoyo en el "canto de Moisés" que viene enseguida en el capítulo 15 del Exodo. El "canto de Moisés" no habla de división de aguas ni de paso de los israelitas por el mar a pie seco. Y debería hacerlo, ya que es Moisés quien está celebrando la victoria. Habla exactamente de otro tipo de paso hecho por el pueblo: el paso por en medio de los enemigos: filisteos, edomitas, moabitas, cananeos:

"Lo oyeron los pueblos y se turbaron, se asustaron los palestinos; temblaron los jefes de Edom y los generales de Moab; se angustiaron las gentes de Canaán" (Ex 15, 14-15).

Los enemigos temen frente a Israel por obra de Yavé (Ex 15, 12-13).

En conclusión: el paso del mar Rojo es un hecho histórico: aconteció. Fue uno de los pasos fundamentales en el proceso de la liberación. Tal paso, de hecho muy peligroso, fue tomado como símbolo de los peligros encontrados por el pueblo en su marcha hacia la tierra prometida. El verdadero peligro eran los pueblos enemigos de Israel. El texto utiliza simbólicamente la palabra agua y mar para indicarlos. Pasar por el mar, por los egipcios, por los enemigos, fue, de hecho, para Israel pasar por entre dos muros de peligro "a derecha e izquierda".

## 25
## ¿Fue Dios mismo quien dio los diez mandamientos?

La lista de los 10 mandamientos aparece en la Biblia en Ex 20, 1-17 y en Dt 5, 6-21.

Se dice en Ex 34, 28 que los 10 mandamientos fueron escritos por Moisés bajo la orden de Yavé. En Dt 4, 12-13 y 10, 1-4 se dice que fueron escritos por el mismo Dios, en lajas de piedra.

65

La forma del decálogo es conocida en el Oriente. Algunas religiones utilizaban listas de mandamientos semejantes, como por ej., en Egipto y en Siria. La elaboración de los 10 mandamientos pertenece a Moisés, por lo menos en su núcleo legislativo. Los 10 mandamientos son una síntesis del modo ético, como se comporta el hombre, sea como persona, sea como grupo social, tanto en privado como en público.

Los 10 mandamientos, como también las leyes éticas naturales, son un reflejo de la conciencia humana en sus manifestaciones. Sin embargo, hay una diferencia entre el decálogo y las leyes éticas primitivas. De acuerdo con esas leyes, el hombre debe rendir cuentas a la divinidad en la otra vida. En la otra vida, será juzgado por lo que hizo o por lo que dejó de hacer. El decálogo presenta exigencias morales para esta vida; exigencias ordenadas por Dios. Dios interviene en la historia *aquí*. Ese carácter sobrenatural diferencia el decálogo de las leyes éticas antiguas. "El decálogo funda una religión en la cual la presencia sobrenatural de la divinidad vive y actúa por medio de la conciencia moral en medio del mundo" [27].

Además, el decálogo es fundamentalmente diferente de todos los códigos éticos de la antigüedad. Los tres primeros mandamientos, por ej., contienen las exigencias del puro monoteísmo, la prohibición de las imágenes para ser adoradas y la observancia del sábado. Esto no se encuentra en ninguna de las listas de conducta de la antigüedad.

Ahora, podemos responder la pregunta inicial, diciendo que los 10 mandamientos fueron realmente dados por Dios, porque Dios mismo está en la base de los mismos. Son una manera de comportarse y de comprometerse en la relación con Dios y con el prójimo. Expresan la voluntad salvífica de Dios.

Para mostrar que Dios mismo era quien pedía al pueblo la fiel ejecución de su voluntad, expresada en los 10 mandamientos, la Biblia utiliza un tipo de literatura, un recurso literario llamado "esquema de teofanía", es decir, de apariciones de Dios. Según este esquema, Dios mismo es quien habla y promulga los 10 man-

---

27. Diccionario de la Biblia. Subtítulo: "Decálogo" Col, 446.

damientos. Y, de acuerdo con los israelitas, cuando Dios habla, cuando Dios se aparece, la naturaleza se trastorna. De aquí viene la majestuosa plasticidad narrativa de la entrega de los 10 mandamientos a Moisés, según Ex 19, 16-20, 21: ¡Hay fuego, nubes, truenos, relámpagos, humareda, son de trompeta, voz del cielo, miedo!

"El decálogo es la consecuencia lógica de la liberación del cautiverio de Egipto; es el estatuto del hombre libre, según Dios, lo que implica la reglamentación del uso de toda libertad humana en las únicas dos direcciones capitales: Dios y el prójimo. Por eso las tablas de la ley son dos. Pero inseparables. Es imposible una buena relación con Dios, sin una buena relación con el prójimo y viceversa[28].

## 26
### ¿Los diez mandamientos dados por Dios son los mismos de ahora?

Sin duda que sí. Sólo cambia la manera de formularlos. En la Biblia tienen una formulación, en la catequesis de la Iglesia presentan otra. Puede verse en la columna que sigue:

| En la Biblia | En la catequesis de la Iglesia |
| --- | --- |
| **1er mandamiento:** (Ex 20, 3) | **1er mandamiento:** |
| *"No tendrás otros dioses delante de mí".* | *Amar a Dios sobre todas las cosas.* |
| **2º mandamiento:** (Ex 20, 4) | |
| *"No te hagas estatua ni imagen alguna de lo que hay arriba, en el cielo, abajo, en la tierra, y en las aguas debajo de la tierra".* | (La prohibición de la idolatría está contenida en el primer mandamiento. Quien ama a Dios sobre todas las cosas no adora ídolos). |

28. Cf *Biblia da LEB*. Loyola, 1983: comentario a Ex 20, 1-21.

**3ᵉʳ mandamiento:** (Ex 20, 7)

*"No tomes en vano el nombre de Yavé, tu Dios, porque Yavé no dejará sin castigo a aquel que toma su nombre en vano".*

**4º mandamiento:** (Ex 20, 8)

*"Acuérdate del día sábado para santificarlo".*

**5º mandamiento:** (Ex 20, 12)

*"Respeta a tu padre y a tu madre, para que se prolongue tu vida sobre la tierra que Yavé tu Dios te da".*

**6º mandamiento:** (Ex 20, 13)

*"No mates".*

**7º mandamiento:** (Ex 20, 14)

*"No cometas adulterio".*

**8º mandamiento:** (Ex 20, 15)

*"No robes".*

**9º mandamiento:** (Ex 20, 16)

*"No des falso testimonio contra tu prójimo".*

**10º mandamiento:** (Ex 20, 17)

*"No codicies la casa de tu prógimo: No codicies su mujer.*
*Ni sus servidores, su buey,o su burro. No codicies nada de lo que le pertenece.*

**2º mandamiento:**

*No jurar su santo nombre en vano.*

**3ᵉʳ mandamiento:**

*Santificar las fiestas.*

**4º mandamiento:**

*Honrar a padre y madre.*

**5º mandamiento:**

*No matar.*

**6º mandamiento:**

*No cometer actos impuros.*

**7º mandamiento:**

*No hurtar.*

**8º mandamiento:**

*No levantar falsos testimonios ni mentir.*

**9º mandamiento:**

*No codiciar la mujer del prójimo.*

**10º mandamiento:**

*No codiciar los bienes ajenos.*

Como puede verse, hay una diferencia entre la Biblia y la catequesis en cuanto al 2º mandamiento, como también hay un desdoblamiento en la catequesis del 10º mandamiento de la Biblia en dos.

San Agustín es el autor de la división catequética, diciendo que en su tiempo ya no había idolatría (=hacer imágenes para adorarlas); suprimió, entonces, en su elenco catequístico el 2º mandamiento de la Biblia incluido en el primero y desdobló el 10º mandamiento de la Biblia. Esta división permanece hasta hoy en la Iglesia.

El sentido del 2º mandamiento no es sólo el de prohibir la fabricación y la adoración de imágenes, sino principalmente mostrar que es Dios mismo quien se comunica con los hombres; él es la palabra y no los ídolos hechos por los hombres. El sentido de ese 2º mandamiento es pues el de subrayar la palabra de Dios como vehículo de comunicación del mismo Dios con el hombre. El problema de las imágenes tiene sentido si se discute en esta perspectiva, es decir, cuando éstas se vuelven impedimentos para la comunicación de Dios. En otro sentido, la Biblia no se preocupa por la fabricación de imágenes, según puede verse en tantos textos bíblicos[29]. Esto es algo irrelevante, indiferente.

Ultima observación: la Biblia habla de guardar el sábado como día del Señor. La Iglesia manda guardar el domingo. Lo importante es la observancia del día del Señor. En el AT el día del Señor era el sábado, en el NT el día es el domingo. La resurrección de Jesús, que aconteció "el primer día de la semana" (= domingo; cf Mt 28, 1; Mc 16, 1; Lc 24, 1; Jn 20, 1), hizo que los discípulos de Jesús y la Iglesia primitiva cambiaran el sábado por el domingo, aún viviendo entre judíos. El domingo es el día de la resurrección, día pascual, día de vida (Hch 20, 7; 1Co 16, 2; Ap 1, 10).

La palabra "domingo" como designación del día del Señor (en latín: "Dies Domini") fue usada en la Iglesia por primera vez por san Justino (Apol 1, 67)[30].

29. Ver la pregunta 44

30. Cf. *Diccionario de la Biblia*. Barcelona: Herder, 1963. Subtítulo: "Domingo", col 497.

Realmente, si el mayor acontecimiento de la fe cristiana, que es la resurrección de Jesús, se realizó en domingo, no tenía ningún sentido que se celebrara en sábado. Esto lo percibió la iglesia apostólica y lo continuó la Iglesia primitiva y así cambiaron el sábado por el domingo y fue confirmado este cambio por la tradición eclesial y así se mantiene. Por último, estamos en el NT y no en el AT. El AT era figura, el NT es realidad; el Antiguo era anuncio, el Nuevo es cumplimiento; el núcleo del AT es la *Alianza,* el núcleo del NT es *Jesús.* Y el clímax de la vida de Jesús es la resurrección. De ahí el significado de su celebración en día domingo.

## 27
## ¿Qué fue el maná del desierto?

Fue el alimento que recogían los israelitas cada día durante la peregrinación por el desierto. Según la Biblia (Ex 16), Dios concedía, de manera prodigiosa, ese alimento a su pueblo. Parecía un milagro cotidiano.

Sin embargo, no puede decirse que Dios haga milagros de ese modo. Actualmente se da una explicación de esto sin negar un aspecto sobrenatural del fenómeno.

Según la Biblia, el maná, llamado "pan del cielo" (Jn 6, 58), era una especie de semilla blanca con sabor a pastel de miel (Ex 16, 31) y no como el pan que conocemos actualmente. Aparecía por la mañana cuando se evaporaba el rocío; era semejante a granitos de escarcha (Ex 16, 14). Los hebreos, al ver esto, se preguntaron: ¿Qué es esto? (En hebreo se dice: *man-hu,* de ahí maná).

El maná no es algo nuevo en el desierto. Aún hoy aparece y los beduinos lo recogen y se lo comen. Esos granitos se muelen y se cuecen y con esa masa se hace una especie de pastel dulce. Hoy se dice que el maná es producido por la tamarix en un proceso natural. Por la noche ese producto líquido se cristaliza y cae al suelo. Debe recogerse antes de que salga el sol, porque o si no se derrite. (Ex 16, 21).

Fue uno de los alimentos del pueblo en su peregrinación, pero no el único. No puede decirse que Dios concediera el maná de manera milagrosa. Puede admitirse que, debido a una producción mayor que la acostumbrada, Moisés interpretó el hecho como un milagro y como respuesta de Dios a los reclamos del pueblo (Ex 16, 3-4). Realmente, la cantidad debió haber sido muy grande para que alcanzara para todo el pueblo, de modo que sobrepasaba la producción ordinaria. Quizá en esa extraordinaria producción y por un tiempo mayor, se puede ver una acción milagrosa de Dios o el aspecto sobrenatural del fenómeno.

## 28
### ¿Por qué la Biblia prohíbe comer carne de cerdo?

El cerdo es un animal conocido en todo el mundo y su carne es usada como alimento en todas partes. Pocos países prohiben el consumo de carne de cerdo.

La Biblia prohibía a los judíos que comieran carne de cerdo por razones sanitarias. También hoy, en la mayoría de los países, las leyes de salud en relación con la cría de cerdos, a la matanza y a la distribución de su carne, son bastante rigurosas.

La carne de cerdo puede transmitir graves e incurables enfermedades, como por ej., la cisticercosis o infección de tenias en el cerebro. Por eso, en la Biblia se prohibió su consumo.

Para fundamentar dicha prohibición la Biblia consideró dicho animal como impuro, es decir, animal cuya carne no puede ser utilizada en la alimentación (Lv 11, 7-8). Las prescripciones alimenticias se encuentran en el libro del Levítico y son numerosas; entre éstas, está la de no comer carne de cerdo (Lv 7; 11; 17; 22; etc.)

La Biblia prohíbe, pues, el uso de la carne de cerdo por simples razones sanitarias. Y esto sucedió antiguamente, dentro de las rígidas costumbres y leyes sobre lo "puro" y lo "impuro".

Jesús rechaza todo eso y muestra que las prescripciones alimenticias, en cuanto costumbres tradicionales, son irrelevantes. Condena a los fariseos que se someten a tales observancias y quieren obligar también al pueblo a que lo hagan (Mt 15, 2. 10-20; Mc 7, 1-23; Mt 23, 25; etc.). Para Jesús, ningún alimento es puro o impuro. Son indiferentes. Según Jesús, se puede comer de todo lo que se quiera: "No es lo que entra por la boca lo que mancha al hombre, sino lo que sale de su boca" (Mt 15, 11).

En una comunidad, en donde hubiera hermanos inmaduros en la fe, que se escandalizaran porque alguien come de esto o bebe de aquello, los hermanos más instruidos y maduros deben respetarlos e instruirlos; inclusive deben dejar de comer o de beber algo que pueda escandalizarlos. Esa es la actitud de los adultos en la fe, muy fraterna y muy recomendada por san Pablo en sus cartas:

"Sean comprensivos con los de conciencia más débil y no se peleen sobre maneras de pensar. Hay quien cree que puede comer de todo, mientras que otros, más temerosos, no comen sino verduras. Que el que come no desprecie al que no come. Y quien no come, no critique al que come, pues Dios también lo recibió" (Rm 14, 1-3).

Y en la misma carta escribe:

"Estoy convencido en el Señor Jesús de que ninguna cosa es impura de por sí, solamente lo es para quien la considera impura. Pero si causas pena a tu hermano por un alimento, ya no andas por los caminos del amor. Por comer esto o lo otro, no seas causa de que se pierda aquel por quien murió Cristo... El reino de Dios no es cuestión de comida o bebida: es ante todo justicia, paz y alegría en el Espíritu Santo. Quien de esta forma sirve a Cristo, agrada a Dios y también es apreciado por los hombres. Por ello, busquemos los caminos que llevan a la paz y a la edificación mutua. No destruyamos por cuestión de alimentos la obra de Dios. Todas las cosas son buenas, pero el comerlos es una cosa mala cuando el que los come escandaliza con ello a otros. Y al contrario, es bueno abstenerse de carne de vino o de todo aquello que pueda hacer tropezar a tu hermano. La convicción que tienes, debes guardarla para ti mismo delante de Dios. Feliz el hombre que no actúa en contra de su conciencia al tomar alguna decisión" (Rm 14, 14-22).

Y en la Primera carta a los corintios, aconseja:

"Ustedes son libres de comer, pero tengan cuidado que con esto no hagan caer a los débiles... Por eso, si algún alimento ha de llevar al pecado a mi hermano, mejor no como nunca más carne, para no hacer pecar a mi hermano" (1Co 8, 9. 13).

# 29
# Los "Testigos de Jeová" no aceptan las transfusiones de sangre porque esto va contra la Biblia. ¿Es verdad?

En la Biblia hay tres prohibiciones tocantes a la sangre: está prohibido comer la sangre o carne con sangre; está prohibido derramar la sangre de otra persona; está prohibido ofrecer la sangre en sacrificio a otros dioses (Gn 9, 4-6; Dt 12, 16. 23-27; 19, 10-13; 21, 9; Lv 17, 10-14).

Todo aquel que violara una de estas prohibiciones haría el mal delante de Dios y si bebiera la sangre o comiera carne con sangre sería reo de muerte (Lv 17, 14).

Esa legislación muy dura hace parte de las llamadas "prescripciones alimenticias", del Levítico y del Deuteronomio. Y tiene un fundamento teológico según la concepción judía del Antiguo Testamento.

Para los antiguos israelitas, la sangre era el alma de la persona.

Esto puede verse en muchos textos bíblicos, por ej.:

"Unicamente no podéis comer la carne con su alma que es la sangre (Gn 9, 4).
"Pero estén siempre atentos para que no tomen la sangre, porque la sangre es la vida y nadie comerá la vida con la sangre" (Dt 12, 23).

Sacarle la sangre a una persona era quitarle la vida. Y la expresión "sacar sangre" pasó a tener el sentido de matar o asesinar.

La vida es don de Dios y sólo le pertenece a él. Por eso beber la sangre o derramar la sangre de alguien representaba la violación del derecho divino. De igual manera, ofrecer en sacrificio la sangre a los dioses, significa usurpar el derecho divino. Dios es el

Señor de la vida. Sólo a él le pertenece la vida y no a los ídolos.

Todos estos elementos culturales, como los de la concepción teológica de los antiguos hebreos en relación con la vida y la sangre, constituyen el telón de fondo de las prohibiciones de la Biblia respecto al uso de la sangre. Deben tenerse presentes cuando se quiera interpretar esos textos. No hacerlo sería desubicar los textos, pues no estarían en su contexto cultural y teológico y la interpretación no sería correcta, sino fundamentalista, literal, inexacta.

También nosotros tenemos hoy la misma concepción antigua y popular con respecto a la sangre. Decimos que la sangre es vida, que ella mantiene viva a la persona. Sabemos, por experiencia, que cuando a una persona se le saca toda la sangre, se muere.

Sin embargo, sabemos que la sangre no es la persona, sino que es de la persona. Cuando alguien muere, su sangre desaparece, pero su "yo", su persona, permanece. Lo sabemos por la experiencia y por la fe.

La Biblia no habla en ninguna parte de transfusión de sangre y no podía hacerlo, porque en los tiempos antiguos no se daba este recurso médico. Partiendo de aquí se puede decir que la Biblia no prohibió ni prohíbe las transfusiones de sangre. La supuesta prohibición a la que se refieren los testigos de Jehová es una conclusión que no permite sacar el contexto bíblico.

La transfusión de sangre, lejos de ser un "asesinato" del donador, es un gesto humanitario, de gran caridad cristiana, digno de toda alabanza. ¡Ninguna transfusión mata a nadie! La cantidad de sangre que le saca es repuesta por el organismo mismo y así se mantiene el equilibrio natural. La donación de sangre, como la donación de órganos para transplantes, son actos de gran solidaridad humana y de caridad cristiana. Eticamente son buenos.

En conclusión, recordemos que Jesús dio un nuevo enfoque a las leyes del Antiguo Testamento. Fueron abolidas o complementadas por el Nuevo Testamento, que es Jesús (Mt 5, 17-48; 15, 10-20). El mismo, el Señor Jesús, no sólo dio su sangre para redención de muchos, sino que se entregó totalmente por nosotros, dio su propia vida.

# 30

## En el AT Dios mandó hacer guerras y matar personas. ¿Por qué eso?

Las guerras están presentes en una gran parte de la historia del pueblo hebreo en el Antiguo Testamento. Al leer las descripciones de las guerras que hizo el pueblo, podría hasta dudarse de que el AT fuera la palabra de Dios. En las guerras narradas en la Biblia no hay sentimientos de compasión ni de perdón para con los vecinos, sino sentimientos de venganza, hay masacre total, inhumanidad, odio contra los enemigos e inclusive sádica alegría de los vencedores por los sufrimientos y la destrucción del pueblo vencido.

En el libro de los Números (Nm 31), se describe una de estas guerras, en la que el mismo Moisés ordena que se mate hasta a los niños y a las mujeres que hubieran quedado con vida en la primera matanza (vv 13-18). ¡Y sin compasión ni piedad!

Igualmente puede leerse en el libro de Josué (Jos 8) el relato de la toma de la ciudad de Hai. Un hecho muy similar se relata en el libro de Samuel (1S 15, 1-9) en donde es Dios mismo quien dice: *"No tendrás compasión de él (el pueblo amalecita), matarás a los hombres y a las mujeres, a los recién nacidos y a los niños, a los bueyes, camellos y burros"* (1S 15, 3). ¡Y muchos otros pasajes bíblicos sobre las guerras del pueblo de Dios, hechas atrozmente en nombre de Dios!

### ¿Cómo entender o explicar esto?

Realmente todos estos episodios son, para nuestra sensibilidad y nuestra cultura, muy chocantes, aunque actualmente haya también guerras y se cometan las mismas atrocidades. Pero, ¿por qué la Biblia relata estos hechos insistiendo en que es el mismo Dios quien ordena tales masacres incluyendo a los inocentes?

Podemos responder con seguridad que Dios ni ordenó ni quiso tales atrocidades. En los tiempos anteriores a la monarquía, Israel convivía con decenas de pueblos paganos y hasta bárbaros, en medio de su ambiente cultural y religioso. Para tales pueblos, la guerra significaba la lucha no sólo por un mayor espacio geográfico, sino también por la preservación y sobrevivencia de la propia nación. Por otra parte, cada pueblo tenía su divinidad. Y era un dato cultural y religioso, en aquellos tiempos, que quien dirigía la guerra de una nación contra otra era la misma divinidad, el mismo dios nacional. La victoria en la guerra era la señal de mayor poder de la divinidad victoriosa. Entonces la guerra era llamada "santa" o sea, hecha en nombre del propio dios y con el propio dios. Un pueblo al que se había ofendido consideraba que se había ofendido también a su dios nacional y así debía vengarse y vengar a su propio dios. Estas guerras "santas" eran llamadas *jihad* (=guerra santa) como hasta hoy se llaman entre los árabes. El dios nacional se imponía por las armas al pueblo vencido.

El pueblo bíblico vivió en ese contexto. Con la diferencia de que el pueblo hebreo no luchaba para imponer su religión (el yavismo), pues ésta era una religión propia, específica suya; guerreaba en *nombre* de Dios para vengarse, para conquistar más tierra, más espacio. Los jefes juzgaban que Dios estaba de su parte y que su victoria, la victoria del pueblo era la victoria de Yavé, su Dios. El pueblo de Dios era el que luchaba (Jc 5, 13; 1S 17, 26). El pueblo enemigo era considerado como un pueblo infiel, lleno de maldades y perversidades; debía ser derrotado y diezmado (Dt 9, 4-5; 20, 15-18). Juntábase a todo esto, la idea, en vigor en todo el Oriente antiguo, de que por la victoria, Yavé, el Dios de Israel, se manifestaba poderoso y superior a todos los dioses enemigos. ¡Valía la pena luchar por la nación, en nombre de Dios y arrasar a los enemigos! Este enfoque religioso llevaba a que los despojos arrancados a los enemigos, en la guerra, fueran destinados al *anatema* (en hebreo *herem*) es decir, a la destrucción. De los despojos se tomaba la mejor parte, que se ofrecía a Dios y al templo. Todo lo demás se destruía inclusive a las personas que ya no servían para los trabajos forzados (viejos, enfermos, mujeres casadas, bebés...). Por eso, la Biblia relata tales masacres. No era que Dios las ordenara o las deseara; eran fruto, eso sí, no sólo de las costumbres bárbaras y primitivas de ese tiempo, sino también del enfoque religioso, teológico, distorsionado.

Desde esa perspectiva deben leerse estos relatos bíblicos.

Anotemos que dichas atrocidades acontecieron específicamente en los primeros tiempos de la historia del pueblo hebreo. En los comienzos de la monarquía, la guerra perdió su carácter de "sagrada" y pasó a ser una mera guerra civil hecha por ejércitos en los cuales había guerreros paganos y mercenarios. Son guerras políticas, aunque el profeta Isaías haya intentado revalorar el antiguo carácter sagrado de las guerras (Is 7, 4-9)[31].

# 31
## ¿Es cierto que entre los antepasados de Jesús hay una prostituta?

Cuando Mateo, en su evangelio, hace la genealogía de Jesús, nombra en la lista de sus "abuelos" a la prostituta Raab (Mt 1, 5).

La historia de esta mujer está dentro del género épico y es muy bella. Puede leerse en Jos 2, lss; 6, 15-25.

Esta mujer acogió al pueblo de Israel perseguido, abrazó la fe judía y fue agregada al pueblo de Dios. Se convirtió al monoteísmo judío y adhirió de tal modo al Dios de Israel que, aun siendo extranjera, pasó a ser símbolo de la fe judía. El NT también la presenta así (Hb 11, 31; St 2, 25).

Esta mujer, según Mateo, se casó con Salomón, uno de los antepasados de Jesús. Raab fue la mamá de Booz, marido de Rut (Rt 4, 13) y bisabuelo del rey David (Mt 1, 5). Jesús es de la descendencia de David y, por lo tanto, descendiente de Raab, la prostituta.

Raab era de Jericó, ciudad en la cual Jesús, muchos años después, encontró, perdonó y convivió con otro gran pecador: Zaqueo, a quien llamó "hijo de Abrahán" (Lc 19, 9). Jesús dirá además que los pecadores y los convertidos son mejores que muchas personas que se consideran santas y que precederán en la entrada en el cielo a muchas personas buenas y santas (Mt 21, 31).

31. Cf *Enciclopedia della Bibbia*. Turín, LDC, 1969. Vol 3, col 1394-1395.

Lejos de ser motivo de escándalo, es muy consolador saber que Jesús tuvo en su ascendencia a una pecadora convertida, llena de amor y de fe. Raab es una figura típica de lo que más tarde enseñará Jesús sobre la misericordia, el perdón, la salvación.

Muchos exegetas, actualmente niegan que la Raab nombrada por Mateo sea la prostituta que aparece en el libro de Josué (2, 1ss). Dicen que entre Josué y Salomón hubo varias generaciones y que por lo mismo Raab había ya muerto. No sería la mujer de Salomón. Para esto recurren al nombre griego con el que la designa Mateo: *Rakab* y no *Raab*. Dicen que no debió ser la misma persona.

Para los santos Padres y para buena parte de los exegetas, Raab sí fue una de las antepasadas de Jesús. Para otros exegetas contemporáneos la inclusión de su nombre en la genealogía de Jesús es artificial y simbólica. Está dentro de los marcos simbólicos de las genealogías de Mateo[32].

En los textos del Nuevo Testamento en los que cita su nombre, se la recuerda solamente como prototipo de la verdadera fe.

# 32
## En la Biblia Dios bendice a los ricos.
## ¡Y hoy también!

La riqueza no tiene valor alguno delante de Dios. Lo tiene sólo para los hombres. Esta concepción es válida también para el AT.

En el AT, la riqueza es un valor relativo. Sin embargo, con el correr de los años, la riqueza y el poder empiezan a ser muy bien cotizados. Para justificar esta concepción, apareció en al AT la idea que los bienes, el poder, la riqueza, son señal de las "bendiciones" de Dios. La riqueza entonces se unió a la religión personal (Gn 13, 2; 24, 35; Dt 6, 10-12; 28, 1-14, etc.). Esta idea llevó al hombre a granjearse riquezas para demostrar que era bendecido

---

32. *Van den Born*, A. En Dicionário enciclopédico da Biblia: Vozes, Petrópolis: 1971. Subtítulo: "Raab", col 1267.

por Dios, que era un temeroso de Dios. Lo cual no siempre era verdad. El AT muestra que existen valores mayores que la riqueza (Pr 3, 13-16; 8, 17-18; 10, 22; 11, 16 etc.).

Si en el AT existió la concepción de que Dios bendice a los ricos, dicha concepción fue fruto de la cultura y costumbres de aquellos tiempos, pero no refleja una verdad teológica. En efecto, Dios no hace diferencia entre las personas por la riqueza. Estas no valen nada ante él; no son criterio de justicia en su presencia.

El mismo AT recuerda que las riquezas son un peligro para el hombre (Pr 11, 28; 18, 11; Si 5, 8). El rico puede perderlas y de hecho las pierde con la muerte (Pr 11, 4; 19, 1; 23, 24ss, etc.).

El problema de la riqueza se discute en la literatura sapiencial, nacida de la sabiduría popular. Esta literatura muestra que las riquezas, por una parte, traen ciertos beneficios (amigos, honra, seguridad, poder, placeres...) pero por otra parte, traen también dificultades, problemas, odios (creciente insatisfacción, preocupaciones, miedo de perder lo que se tiene, orgullo, avaricia, pecado). Compare, por ej., estos bloques de textos: Pr 14, 20; 19, 4; 22, 7; Si 10, 30 con Pr 15, 16; 22, 1-8; Si 11, 18-19; 11-23.

Las ecuaciones: vida virtuosa = *riqueza*, vida impía = *pobreza*, no son bíblicas. La Biblia insiste, también en el AT, sobre la justicia equitativa, habla del equilibrio de los valores, ya que la riqueza no es un valor en sí misma (Jb 20). También en el AT aparecen otros valores que son más buscados y más apreciados que las riquezas, como el temor de Dios, la piedad (Sal 34, 10-11; 37, 16; Pr 11, 28; 13, 7; 15, 16, etc.). Y contra lo que ordinariamente se dice, el AT llegó a afirmar que el pobre es el que es virtuoso y que el rico es generalmente pecador e impío con sus riquezas (Si 13, 23-24; 14, 3; Sb 7, 7-10; Sal 86, 1-2). En el AT se formó la doctrina de los "pobres de Yavé", de que tanto se habla en la Biblia. Estos son los amados de Dios porque son generosos, limpios de corazón, fieles a Dios (Sal 74, 19; 149, 4; Is 61, 1).

Bíblicamente hablando, Dios bendice y está con los pobres y no con los ricos orgullosos.

No se puede decir que la riqueza sea un pecado o un mal en sí misma. Los criterios de valoración moral de la riqueza son los medios por los cuales fue adquirida y el uso que se hace de la misma.

Esto puede verse en el NT. Jesús habló mucho sobre la riqueza (Mc 10, 17-31; 12, 1-17; Lc 18, 24-30; Mt 19, 23, 26, etc.). No condena la riqueza en sí misma, sino el mal uso de los bienes y pone en guardia contra los peligros de la riqueza: puede impedir la entrada en el Reino de los cielos (Mt 19, 24); tomada como un bien en sí misma, es un atentado contra la soberanía de Dios sobre los bienes de este mundo. Todo es suyo.

La riqueza, tomada como un valor, impide que la palabra de Dios penetre en la vida del hombre; por eso es causa de la exclusión del hombre en el Reino de Dios. En síntesis, Jesús expuso el juicio de Dios sobre la riqueza y la pobreza: los ricos, los saciados, los que se ríen a las carcajadas (por causa de su seguridad y su poder) son excluidos del Reino de los cielos (Lc 6, 24-25); los pobres, los hambrientos, los que lloran, entrarán en el Reino (Lc 6, 20-21; Mt 5, 3-6).

Se equivocan gravemente los ricos injustos, es decir, los que se han enriquecido o se enriquecen cada vez más a costa de los pequeños, los pobres, los oprimidos, si piensan que son bendecidos por Dios. Se enriquecieron o se enriquecen porque son ladrones, injustos. Y Dios rechaza tanto el robo y la injusticia, como a los ladrones y a los injustos. Dios no los bendice ni antes ni después, ni en el AT ni en el NT. Al contrario, los censura, los amenaza y los condenará, si no se convierten a él y a los hermanos, poniendo sus bienes al servicio del prójimo (Lc 19, 1-10).

# 33

## Dice la Biblia que Jefté hizo un voto a Dios y lo cumplió matando a su hija. ¿Es verdad o es leyenda?

La historia de este guerrero se encuentra en el libro de los Jueces capítulo 11. Es una historia dura, cruel, extraña, inhumana. Antes de analizar la promesa que hizo a Dios, debe analizarse la vida anterior de Jefté.

Este era hijo de una prostituta, lo echaron de la casa y se juntó a unos marginados y se organizó para el crimen (Jc 11, 1-3). El crimen y la vida dura hicieron de él un guerrero valiente y temido. Por eso cuenta la Biblia, cuando los amonitas, pueblo vecino, declaró la guerra a Israel, los jefes israelitas le pidieron ayuda a Jefté y a su banda. Estos se aprestaron a luchar por Israel. Pero Jefté exigió el mando de las tropas de Israel, ¡el que había sido expulsado de Israel, es a quien ahora venía a pedirle ayuda!

Dice la Biblia que *"vino entonces sobre Jefté el espíritu de Yavé"* (Jc 11, 29). La venida del Espíritu de Dios sobre una persona no significa, en la Biblia, el reconocimiento de la santidad de una persona o la aprobación de su forma de vida, sino que simplemente significa que la persona fue investida y preparada para una tarea determinada y especial. En el caso de Jefté, significa que toda la comunidad reconoció que, por el consenso general, Dios también estaba de acuerdo en que Jefté fuera el líder del pueblo en la conducción de la guerra. Este tipo de consenso general, el acuerdo de todo el pueblo es llamado en la Biblia "venida del Espíritu de Yavé". Muchos casos semejantes se encuentran en la Biblia; la comunidad está de acuerdo y entonces la persona escogida asume con vigor la tarea que se le ha encomendado y se empeña en ella decididamente. La propia persona libera todas sus fuerzas sicosomáticas, todas sus potenciales y las pone al servicio de la causa común. Casos famosos, los de Sansón, Gedeón, Saúl, Moisés, Josué (cf Jc 13, 25; 3, 10; 6, 34; 11, 29; 1S 11, 6ss; Nm 11, 17. 25; 27, 18). El núcleo de la expresión "venida del Espíritu de Yavé" es la toma de conciencia de la persona para una tarea especial. (En relación con los profetas hay otros aspectos que deben analizarse cuando se habla del "Espíritu de Yavé").

En este caso, se trata entonces de la toma de conciencia por parte de Jefté de la tarea que la comunidad le confiaba y que, por lo mismo, también le confiaba Yavé. (Según el concepto de "guerra santa" el pueblo de Dios combate en nombre y por mandato del mismo Dios).

Poco antes de la batalla, Jefté hizo la promesa que, sin duda, fue imprudente e ilícita. Prometió a Dios que si vencía aquella guerra que aceptó dirigir y en la que se jugaba todo su prestigio de guerrero, ofrecería, en sacrificio, a la primera persona que le saliese al encuentro después de la batalla (Jc 11, 30-31). Es una promesa extraña e insensata, sin duda. Y dice el texto bíblico que la primera persona que le salió al encuentro, al regreso de la batalla, fue su única hija. Luego de algún tiempo, la sacrificó a Dios, como le había prometido (Jc 11, 34-39).

A nuestro juicio, tal promesa de Jefté fue cruel e inválida. Una promesa debe implicar a la persona que la hace, sus bienes, pero nunca a otras personas o los bienes ajenos. En aquellos tiempos, sin embargo, no se pensaba así.

Según el texto bíblico, lo que Jefté hizo fue histórico, sucedió. Lo dicen así también Flavio Josefo (Antigüedades judías 5, 7. 10), los santos Padres (como san Agustín, Ambrosio, Juan Crisóstomo, Orígenes) y muchos exegetas modernos.

Otros historiadores y exegetas tienen otro punto de vista: opinan que lo que Jefté hizo fue la consagración de su hija a Yavé. Le consagraba su virginidad y su vida. Se basan en la prohibición de sacrificios humanos en Israel (Dt 12, 29-31), aunque esporádicamente se hubieran hecho (2R 16, 3; 21, 6); además los sacrificios se ofrecían *antes* de la batalla y no después (por ej., 1S 13, 7-12).

De acuerdo con nuestra sensibilidad humana y cristiana, el sacrificio de la hija de Jefté nos horroriza y lo rechazamos; estamos inclinados a no aceptar esto como un hecho histórico. Pero, debemos recordar que según las costumbres de aquel tiempo era posible, y común entre los pueblos bárbaros, ofrecer sacrificios humanos a la divinidad. No podemos olvidar que Jefté era un marginado; ¡hombre duro, marcado por la insensibilidad y capaz de todo!

En conclusión: dentro del contexto cultural y religioso del AT y del Oriente antiguo, el hecho pudo perfectamente haber ocurrido. Pero no puede ser probado históricamente fuera de la narración bíblica. Actualmente muchos dudan de su historicidad y el texto está presentando el "motivo histórico" del hecho de que las muchachas se reunieran, en Israel, para alguna determinada celebración femenina. El motivo histórico sería para el autor, la memoria de la joven hija de Jefté que murió virgen, inmolada por el propio padre, en cumplimiento de la promesa hecha a Dios. El autor utiliza esos elementos para montar su historia. Con ella quiere presentar el motivo de la celebración religiosa femenina y al mismo tiempo cuestionar y condenar la costumbre de ofrecer sacrificios humanos a las divinidades, incluido Yavé, ¡Dios de Israel!

## 34
## ¿Es verdad que el sol se detuvo por orden de Josué?

Este "milagro" está narrado en Jos 10, 12-15. Esto es un modo de hablar, un género literario poético.

*Copérnico* (muerto en 1543) fue el primer científico en proponer que el centro de nuestro mundo planetario era el sol y no la tierra. La tierra gira al rededor del sol. Esta teoría le valió una condenación oficial del papa Paulo V como ¡contraria a la Sagrada Escritura!

Después de Copérnico, *Galileo* (muerto en 1642) demostró que la teoría de Copérnico era verdadera y probó que la tierra gira al rededor del sol verdaderamente. Es el sistema llamado heliocéntrico. Galileo también fue condenado por la Inquisición, que lo amenazó con condenarlo a la hoguera como hereje y lo obligó a abjurar de su "herejía astronómica". Galielo lo hizo, forzado, pero afirmando en su interior que la tierra se mueve al rededor del sol. Célebre se hizo su frase: *"E pur si muove"*, es decir, y sin embargo ella gira...

En el sistema solar es imposible que la tierra o cualquier otro planeta detengan su trayectoria. Esto produciría un desastre cósmico de proporciones inimaginables. Aun así, algunos autores, bastante escrupulosos, se resisten a admitir el carácter metafórico de la narración del libro de Josué sobre el "milagro del sol". Y tratan de hallar una manera de concordar el dato bíblico con los datos de l·· ciencia. Es cierto que ni el sol ni la luna se detuvieron en el cielo; ¡no pueden detenerse! La narración del libro de Josué interpreta un fenómeno natural acaecido en aquel tiempo. Y lo hace poéticamente. Como lo hacen nuestros poetas, y nosotros mismos cuando decimos que el sol se pone y que el sol descendió detrás de los montes.

La narración en el v 11 dice que Yavé mandó contra los enemigos de Israel una gran lluvia de piedras que mató más gente que la misma guerra. Una tempestad de granizo viene acompañada ordinariamente por espesas nubes oscuras y por mucho viento. El narrador de la historia vio en ese fenómeno la mano poderosa de Yavé. Para decir literariamente que el sol y la luna no brillaron ese día y esa noche, empleó el verbo *detenerse* (es decir: no aparecieron). Este verbo, que en hebreo se dice *damam* puede significar, en hebreo, "quedar admirado, quedarse boquiabierto". Así el texto diría poéticamente que hasta el sol y la luna quedaron admirados de la acción milagrosa de Yavé en favor de su pueblo al enviar contra sus enemigos, de modo extraordinario, una gran tempestad, granizo y destrucción. Estos fenómenos naturales ayudaron muchísimo a los israelitas en la batalla. Mejor dicho, esos fenómenos ganaron la batalla; los israelitas sólo verificaron el resultado (Jos 10, 11-13b).

Hay que anotar que el texto cita como fuente al "Libro de los justos" que no conocemos y que se cita también en 2S 1, 18 y 1R 8, 53.

La narración es genuinamente poética y no hay motivo alguno para pensar en problemas de astronomía.

Algunos autores contemporáneos no dudan en afirmar que tal narración es hiperbólica, hecha a propósito para traducir por vez primera, en la Biblia, la concepción israelita de que Yavé actúa en la historia en favor de su pueblo. Este es el primer texto escrito que manifiesta esa toma de conciencia por Israel. "Su Dios es suficientemente poderoso para manejar a su arbitrio los fenómenos naturales: *la naturaleza está al servicio de un designio histórico*: la conquista. De este modo, Israel ve en la naturaleza algo sometido por alguien a una finalidad histórica. La cuestión de la historicidad de la detención del sol —uno de los elementos del infeliz caso de Galileo— es, en este contexto, totalmente improcedente"[33].

## 35
## ¿Cómo se pueden interpretar las narraciones bíblicas sobre Sansón y Dalila, David y Goliat?

### a) La historia de Sansón y Dalila

Esta narración aparece en el libro de los Jueces cc 13-16. Narra el libro los acontecimientos que rodearon al pueblo de Dios cuando comenzó a instalarse en la tierra prometida, luego de la salida de Egipto y la travesía del desierto. Fue un comienzo muy difícil. Por un lado, las guerras, las luchas con los pueblos vecinos eran constantes y por otro lado la fe del pueblo era vacilante: los problemas religiosos desafiaban la fidelidad del pueblo a la alianza pactada con Yavé. El libro de los Jueces que cuenta toda esa historia es así un libro de tensiones y crueldades, pero también de esperanzas. La redacción del libro es muy posterior a los hechos narrados.

En el contexto general de la historia del pueblo hebreo, se siente cómo Yavé conducía al pueblo mediante las duras experiencias diarias y llamándolo siempre a la fidelidad, a la alianza. Los jueces fueron eficaces instrumentos de Yavé para mantener encendida la fe del pueblo y para que no perdiera su identidad de "pueblo de Dios". El libro es la historia de un pueblo sumergido en la historia.

---

33. *Ruiz de la Peña*, J. L. Teología de la Creación, p 24.

Entre los jueces que condujeron al pueblo, está la figura nada ortodoxa de *Sansón.*

El nacimiento de Sansón (Jc 13, 1-5) es narrado dentro del esquema bíblico-literario del nacimiento de los grandes personajes. La Biblia narra siempre del mismo modo el nacimiento de una persona que tendrá una misión especial en la vida religiosa de la nación. Así se narra el nacimiento de Samuel (1S 1, 1-28), de Juan Bautista (Lc 1, 5-25), de Jesús (Lc 1, 26-37).

Según este esquema, un "ángel del Señor" anuncia el importante acontecimiento; la futura madre es estéril o virgen; hay unas prescripciones rituales que han de observarse por algunas de estas personas, por ejemplo, no beber vino o no cortarse el cabello, etc.

La vida de Sansón fue una vida bastante atribulada, extraña, nada recomendable: se casó con una mujer enemiga del pueblo (14, 1-3); realizó hazañas extraordinarias como despedazar un león, hablar por medio de adivinanzas, matar sin piedad, incendiar sembrados. Abandonó a la primera mujer y se casó con otra; acabó ciego y murió en una demolición que él mismo provocó ¡matando al mismo tiempo a muchos enemigos!

*¿Qué hay de verdad en esta historia?*

Estos relatos tienen una cierta base histórica, pero reelaborada con leyendas y folclor.

*¿Cuál es la base histórica?*

La tensión existente en el pueblo entre la observancia y la transgresión de la alianza en los tiempos de la conquista de la tierra prometida. Siempre que el pueblo dejaba de observar la ley de Dios, la constitución del país y adoptaba las costumbres paganas y se inclinaba a la idolatría, la nación se desajustaba, se desunía y veía amenazada su libertad. Los pueblos vecinos aprovechaban esas situaciones de desequilibrio interno del país y guerreaban contra el pueblo de Israel intentando dominarlo, conquistar sus tierras y reconquistar la tierra que habían perdido.

Por otro lado: siempre que el pueblo reconocía sus faltas, se convertía a Dios y a su ley, Dios suscitaba un líder que lo libertara de la dominación extranjera. El libro de los jueces narra todo esto (3, 9-10; 4, 3ss; 6, 7ss; 10, 10ss).

Quedaba claro para el pueblo que Dios estaba siempre dispuesto a actuar para liberarlo; a condición que él fuera fiel a la constitución del país, es decir, a la ley de Dios.

Uno de esos libertadores del país fue Sansón, figura muy conocida y muy presente en las historias del pueblo. Fue uno de los jueces suscitados por Dios para liberar a su pueblo. En él se manifestaba la fuerza de Dios. La tradición unió en su figura muchos elementos del folclor nacional. El núcleo histórico es la acción del juez Sansón, suscitado por Dios para liberar a su pueblo.

Como observa Carlos Mesters[34], el redactor del libro empleó esa historia para transmitir, en su tiempo, una propuesta suya en relación con la observancia de la ley. El está escribiendo mucho después de los acontecimientos narrados en el libro. Escribe en tiempo del rey Josías (640-609 aC). Este rey es considerado en la Biblia (2R 22 y 23) como un rey piadoso, reformador de la vida nacional y de la vida religiosa. Para realizar el proyecto de reformas, el rey necesitaba no sólo fortaleza y coraje sino el apoyo de todos. Sólo así él sería la manifestación de la "fuerza de Dios".

La historia de Sansón se ubica aquí. Del mismo modo que el tiempo de Sansón el pueblo debía convertirse y volver a la alianza con Dios, así era necesario también ahora que el pueblo cambiara su vida, observara la ley de Dios y apoyara al rey. Josías, era, para el autor del libro y debía ser para el pueblo, un nuevo Sansón en el que estaba la fuerza de Dios. Una vieja historia, como dice Mesters, se convierte en motivo de nuevo pulso para la reforma de la comunidad y fuerte llamamiento para la observancia de la ley de Dios, propuesta en ese momento por el rey Josías. El debía, por lo tanto, ser acatado, apoyado y reconocido; su obra venía de Dios.

34. Mesters, C. *Deus, ¿onde estás?*, pp 40-41.

## b) La historia de David y Goliat

La historia esta narrada en 1S 17 y pertenece a las tradiciones sobre las guerras de los israelitas contra los filisteos. Las tradiciones acostumbran preservar un núcleo histórico en una narración, pero adornándolo con muchos pormenores legendarios y folclóricos. Así la lucha entre David y Goliat. Alguien ha afirmado que esta narración es una historieta inventada con una finalidad didáctica y que no tiene ninguna importancia[35].

En efecto, el autor o redactor de esa historia tuvo en mente una finalidad didáctica: narrar una guerra que había entre los fuertes filisteos y el desorganizado y débil pueblo israelita; narrar por qué David entró en la corte de Saúl y mostrar finalmente que el Dios de los Padres siempre ha protegido a su pueblo, liberándolo de sus opresores. El pueblo de Dios, débil y desarmado, está representado por David; el pueblo opresor guerrero, fuerte y bien armado está representado por el gigante Goliat.

Estos pormenores aparecen muy claros en la descripción que el autor hace de los dos guerreros: *Goliat* tienen 2, 92 m de altura; es un guerrero fuertemente armado, desafía e insulta, es prepotente y *combate en nombre de su pueblo* (vv 4-10. 40-46). *David* es el hijo más joven de una familia de agricultores, desacostumbrado a la lucha, desarmado, insultado; pero lucha *en nombre de Yavé de los ejércitos*, el Dios de los ejércitos de Israel (vv 38-40. 46).

La tradición primitiva hablaba de una guerra ocurrida entre los dos pueblos y de la victoria de David en ella. El gigante Goliat apareció después en la historia para valorizar la hazaña de David y explicar la manera como David llegó a frecuentar la corte de Saúl: era un guerrero valiente.

La historia de la lucha de David con Goliat es, pues, una reflexión del autor que, partiendo de un núcleo histórico, escribe para llamar la atención de sus lectores sobre la intervención providencial de Yavé en la vida de su pueblo. Dios realiza la salvación sin necesidad de usar la espada o equipos militares[36].

35. *Noth*, M. *Storia d'Israele*. Brescia: Paideia, 1975, p 215.
36. *Buck*, F. En: *La Sagrada Escritura*. Madrid: BAC, AT/II 1967, p 317.

Esta misma idea la expresa el libro del Eclesiástico (llamado también Sirácides): *"Porque invocó al Dios Altísimo que le dio fuerza para derribar a un valiente guerrero"* (Si 47, 5). El Primer libro de los macabeos reafirma esta misma idea: *"Bendito seas, Salvador de Israel, que venciste el ímpetu de un gigante por mano de tu siervo David"* (4, 30).

Este relato es, pues, una narración épica, con un fondo teológico: Dios está siempre presente y salva al hombre en la historia. Dios derriba a los poderosos y prepotentes y enaltece a los humildes. Es la idea bíblico-teológica fundamental, una idea clave en los dos testamento (Pr 12, 7; 24, 16; Jr 18, 23; Ag 2, 22; Lc 1, 52).

# 36
## ¿Todo lo que se narra en la Biblia sobre los profetas Elías y Eliseo es verdad histórica o un modo de hablar?

Esta narración se encuentra en los Libros de los reyes (1R 17, 1- 2R 13, 21).

Esta narración constituye lo que se conoce con el nombre de "ciclo de Elías". Aquí se mezclan hechos históricos con tradiciones populares religiosas sobre estos dos profetas. Hay muchos pormenores sobre ellos, recordados para enfatizar la figura extraordinaria de cada uno de estos hombres de Dios. Muchos de ellos forman lo que hoy podemos llamar "casos", como los que cuentan los pescadores y los cazadores. El colorido subraya aspectos de acontecimientos históricos. La elaboración de estos casos es muy posterior; se sitúa en el tiempo del exilio en Babilonia (s V aC). Los hechos narrados sobre Elías y Eliseo ocurrieron en el s IX aC. Por eso se debe separar lo que es histórico de lo que es elaboración posterior, sea por los discípulos de los dos profetas, sea por el redactor final de la narración. Podemos decir con seguridad que en el ciclo profético de Elías y Eliseo hay narraciones verdaderamente histórico-sustanciales, como también elaboraciones artificiales y literarias con finalidad didáctico-religiosa: mostrar mediante "constantes milagros" la figura sobrenatural de aquellos hombres de Dios.

Actualmente la exégesis muestra que la historia de Elías y Eliseo se basa en un esquema literario-bíblico. En el análisis del texto bíblico, (1R 17, 1-2R13, 21) se percibe que entre las acciones de los dos profetas hay muchas semejanzas. Por ejemplo: los dos entran en escena en ocasiones muy similares: el país está pasando por serias dificultades socio-económicas (sequía, pobreza, hambre...); los dos realizan multiplicaciones de panes (1R 17, 7-16 y 2R 4, 42-44); los dos resucitan un muerto (1R 17, 17-24 y 2R 4, 18-37), empleando para ello el mismo ritual.

En dichos relatos se puede, pues, percibir un esquema estereotipado sobre el "profeta taumaturgo" es decir, milagroso. Además, los exegetas captan relaciones muy grandes entre la tradición que se refería a Moisés y la tradición que trata de Elías y Eliseo. Así en 1R 17, 6 se habla del alimento recibido por Elías como la tradición de Moisés habla del alimento dado al pueblo (Ex 16, 8. 12). En 1R 18, 20-40 se narra la disputa entre Elías y los sacerdotes en el monte Carmelo y en Ex 7, 8-13. 20-22 se narra la disputa entre Moisés y los magos de Egipto; tanto Moisés (Ex 14, 21-22) como Elías (2R 2, 8) pasan por entre el agua a pie seco... Así Elías es presentado como un nuevo Moisés[37].

Todo esto debe tenerse presente cuando se trata de analizar estos textos.

Algunos textos más conocidos de este ciclo y que causan cierta perplejidad, son: el rapto de Elías a los cielos (2R 2, 1-18); el fuerte castigo infligido a los jóvenes burleteros (2R 2, 23ss); los milagros de la multiplicación del aceite y del pan (1R 17, 7-16 y 2R 4, 1-7. 42-44) y la resurrección de un muerto (1R 17, 17-24 y 2R 4, 33-37).

No vamos a analizar aquí pormenorizadamente cada uno de estos pasajes. No es la intención de este trabajo. Nos parece conveniente, sin embargo, una interpretación general de los mismos.

---

37. *Cf Elmar Wilms*, F.*I miracoli nell'Antico Testamento* EDB, 1985, pp 279-283

## 1. El rapto de Elías al cielo (2R 2, 1-18)

Es una narración de tipo teofanía, es decir, de aparición de Dios.

Quiere mostrar que fue aceptado por Dios y recibido en los cielos. Los cielos están abiertos para él. También se orienta a mostrar la legitimidad de la misión de Eliseo, profeta-sucesor de Elías: tiene la misma misión que Elías por esto recibe su manto, lo cual lo hace su heredero y sucesor.

El montaje de la escena con un carro de fuego y guerrero (2R 2, 12) tiene un matiz mítico, se dice actualmente, es decir, que la escena fue elaborada por el redactor para dar colorido a una historia fabulosa sobre el gran héroe religioso, Elías. Carro de fuego, caballos de fuego, caballería celeste (elementos que aparecen en la mitología) son la manera de expresar que Elías es tan fuerte como todo un ejército[38].

La intención de todo el relato es la de mostrar la santidad y la importancia de Elías, como también la continuación de su misión por Eliseo. Este es el punto histórico de la narración. La forma o la manera de contar esto es secundario. No se debe dar más importancia a lo secundario que a lo principal, como hace mucha gente.

## 2. El castigo infligido a los jóvenes burleteros (2R 2, 23ss)

Si se toma al pie de la letra, el relato es inaceptable desde el punto de vista del equilibrio sicológico. Un adulto no reacciona tan violentamente como lo hizo Elías ante las burlas de los jóvenes. Parece igualmente que Dios estuviera a la disposición de su profeta haciendo en su favor milagros a toda hora.

Las exegetas dicen hoy que tal historia es un montaje didáctico para destacar dos ideas: el profeta no puede ser despreciado ni se puede burlar de él; ¡el profeta es un hombre de Dios y tiene la fuerza del Espíritu, que realiza mediante el profeta obras maravillosas! El relato tienen por finalidad subrayar la dignidad del profeta como su prestigio junto al pueblo.

38. Cf. Elmar Wilms, F *Op. cit.*, p 287

### 3. La multiplicación del aceite y del pan
### (1R 17, 7-16; 2R 4, 1-7. 42-44)

También estas escenas son consideradas como montajes literarios hechos por los discípulos de los profetas. Son una especie de antología de "casos narrados" sobre estos dos profetas. Su finalidad es mostrar que el profeta, en cuanto hombre de Dios, está dotado de poderes extraordinarios. Esos "milagros" son un tipo de poder del profeta, usado en favor de los más necesitados.

El origen histórico de los hechos puede estar en las tradiciones sobre los poderes extraordinarios de los hombres de Dios que habitaban en el monte Carmelo. Elías y Eliseo son presentados históricamente como esos hombres de Dios. Por su medio, Dios ayuda a los pobres, a las viudas y a los huérfanos, como se promete en las Escrituras (Ex 22, 21-23). Ellos realizan las promesas de Dios. Este es el sentido primario de las narraciones sobre sus milagros. Esos relatos, en efecto, hablan de las necesidades materiales, de las dificultades económicas de las viudas pobres, con hijos pequeños. Estas se encuentran con los hombres de Dios y éstos las ayudan, como lo había prometido el Señor. El redactor concretiza esa ayuda prestada en dos milagros que satisfacen las necesidades básicas de esas dos familias: con abundancia de aceite y de pan.

### 4. La resurrección de un muerto (1R 17, 17-24; 2R 4, 33-37).

No nos podemos quedar discutiendo el "milagro" en sí mismo, es decir, si fue algo histórico o no. Parece que la finalidad de la narración es clara: mostrar la dignidad, la santidad y la autoridad de los profetas. El "milagro" narrado es también una ayuda a una persona necesitada. En efecto, los textos dicen que los profetas son hombres de Dios. Por eso Dios, por su medio, realiza obras portentosas. No son las obras *del* profeta, sino obras de Dios. Tanto Elías como Eliseo suplican a Dios por la vida de aquellos niños. El actuar del profeta depende del poder de Dios.

El "milagro" está descrito dentro de un esquema extraño. El "ritual" utilizado está tomado de las costumbres de aquel tiempo. En el conjunto de las acciones está presente un bordón mágico, es decir, un cayado o un bastón (2R 4, 29-32). El bordón mágico de Eliseo recuerda el de Moisés con el que éste realizaba los milagros en nombre de Dios (Ex 4, 1ss; 7, 9-12. 19ss; 17, 5ss). Pero aquí, en este relato de 2R 4, 29-32, el milagro se realiza solamente por la intervención de Dios y no por el poder del bordón mágico.

En 1R 17, 17-24 y 2R 4, 33-37 se describe la fórmula de la resurrección. Este tipo de acción se llama sinanacrosis (literalmente "comunicación de calor"). Este era un método común de curación mediante el cual los antiguos médicos-magos intentaban reanimar a los "muertos". Se acostaban sobre los mismos para comunicarles el propio calor y las propias fuerzas vitales y esto les devolvía la vida, como lo aseguraban ellos. La fuerza de todos los relatos contenidos en los libros de los Reyes está no en el papel ejercido por el hombre, sino en el de Dios. Esto es exactamente lo que desean decir estos textos: Dios siempre realiza prodigios mediante sus siervos. Elías y Eliseo fueron entonces grandes siervos de Dios. Y por eso Dios, mediante ellos, realizó grandes prodigios. Este es el sustrato histórico de toda la tradición acerca de los milagros y portentos realizados por los hombres de Dios Elías y Eliseo.

## 37

## Dice la Biblia que el profeta Jonás permaneció en el vientre de un pez durante tres días y tres noches. ¿Es esto posible?

Es indudable que no es posible que alguien permanezca tanto tiempo en el vientre de un pez y luego salga vivo. Y no se conoce, hasta ahora, un pez tan grande que puede comerse entero a un hombre. Hay peces inmensos, como el tiburón y como la ballena, muy peligrosos para el hombre. Pero no se tragan a sus víctimas sin antes despedazarlas.

Por esto, puede uno darse cuenta que la narración del libro de Jonás no es histórico en el sentido de que relate un hecho verdaderamente acontecido. Pero es histórico en el sentido de que relata una situación difícil, un problema real que preocupaba mucho a las gentes del tiempo del redactor.

El libro relata cosas extrañas y prodigiosas, como puede verificarse leyéndolo: la permanencia de Jonás durante tres días y tres noches en la barriga del pez; la oración que hace desde allí; un largo salmo fuera de contexto; un retoño de una planta que de repente nace y de repente se seca, etc.

Nada de esto aconteció, nada de esto es histórico.

*¿Por qué la Biblia narra tal historia*
*y se inserta este libro como profético, inspirado?*

Lo que la Biblia desea enseñarnos en este libro es una verdad mucho mayor. Y la historia de Jonás es la manera de hacerlo. Debemos preocuparnos más por el contenido que nos quiere transmitir el autor que por todo el cuadro que él crea con todo su colorido para hacerlo. Como en las historietas que contamos. Lo importante es el final de la historia que ordinariamente es siempre graciosa, inesperada e ilógica. El que se preocupe por la lógica de la historieta, queriendo saber nombres u otros pormenores, no entenderá el espíritu de la misma. Algo similar ocurre con el libro de Jonás. Este pretende tocar un punto muy delicado para el judaísmo de su época: el extremismo religioso. El libro apareció en el s V aC, después del exilio de Babilonia (587-539), con ocasión de las reformas hechas por Esdras y Nehemías. Estos dos líderes religiosos cometieron graves injusticias, con la buena intención de obligar a los judíos a observar la ley de Dios. La mayor de esas injusticias consistió en obligar a todo isrealita casado con una mujer extranjera a abandonarla a ella y a sus hijos (Esd 9-10; Ne 13). El motivo de esto era religioso: solamente el pueblo de Israel era el elegido, el puro, el santo. Los extranjeros manchaban la nacionalidad y las creencias judías: ¡Ellos contaminaban! Por esto debían ser excluidos del pueblo de Dios.

Pero no todos los israelitas pensaban de este modo (Esd 10, 15). El librito de Rut es un grito contra ese rigorismo arbitrario. En este mismo contexto aparece el libro de Jonás. No es un libro ni histórico ni profético, es un libro *didáctico*. Quiere mostrar que el Dios de Israel es un Dios de amor, misericordioso con todos los que le temen y salva a todos los que lo buscan.

Para transmitir esta verdad y este mensaje, el libro usa la libertad didáctico-literaria, convirtiéndose así en una obra muy interesante, llena de peripecias y de casos muy graciosos. El mensaje central del libro es *Dios salva a todos*. Este mensaje es uno de los puntos altos de la teología del Antiguo Testamento. Por eso, el libro es una "señal" de la misión de Jesús, el salvador de todos (Mt 12, 38-42). Jesús combatió la idea extremista, nacionalista de una salvación particular cuando condenó, por ejemplo, la intransigencia del hermano mayor quien no quería aceptar en la familia al hermano menor, pecador (Lc 15, 11-32).

El libro censura entonces al pueblo hebreo, simbolizado en Jonás, por no querer aceptar la voluntad de Dios. Jonás (el pueblo hebreo) huye cuando fue enviado por Dios para predicar la salvación a los extranjeros (1, 3). ¡No quiere que los otros se salven! Cuando es obligado a predicar, va a Nínive; el pueblo escuchó su mensaje, hizo penitencia, se convirtió, se salvó. Dios se alegra con esto, no así Jonás (el pueblo hebreo) que se puso triste (4, 1) y llegó a pedir la muerte (4, 2-3).

El libro hace mofa de los hebreos rigoristas, simbolizados en Jonás (4, 5-9): éste se irrita, se muere de rabia porque el tronco de ricino que le daba sombra se secó. ¡Pidió la muerte, por eso! Y Dios le responde que si él pedía la muerte por el tronco del ricino que nació y murió en el mismo día, cuanto más él, Dios Yavé debía preocuparse por la salvación de todos los hombres. Si Jonás se dolía por un tronco de ricino, ¿no habría de dolerse el Señor de un pueblo tan ignorante que no sabía diferenciar la mano derecha de la izquierda? (4, 10-11).

En conclusión, podemos decir que el libro de Jonás es el libro de la misericordia de Dios (Jn 1, 6; 3, 9s; 4, 2b), el libro de la salvación universal. Es el único libro de la Biblia que termina con una pregunta directa dirigida al lector apostrofándolo para decirle que la misericordia de Dios es ilimitada. Es la misericordia que Dios tiene no sólo para con los israelitas, sino para con todo pueblo que se convierta a él y lo reconozca como Señor. Irónicamente el libro muestra que todos los personajes del relato son simpáticos y amistosos; el único antipático y amargo es un israelita "escogido", un profeta... Si Dios es indulgente con un profeta amargo y antipático, mucho más lo será con los pueblos que lo buscan.

Este universalismo salvífico del libro de Jonás alcanzará su máxima expresión en el Nuevo Testamento. Dios es el Dios de todos. Ya no hay griego, judío, pagano, esclavo o libre. Dios es uno solo y es Padre de todos. Por eso, todos los hombres son hermanos (Rm 3, 29; Mt 23, 8-9).

El libro de Jonás puede ser considerado como libro profético porque de hecho él lee la voluntad de Dios en los acontecimientos de su tiempo: el regreso del exilio y el perdón de Dios para un pueblo que, así fuera el pueblo escogido, era tan pecador e impenitente como otros, muestran su voluntad de salvar siempre. No sólo a los israelitas, sino a todos los hombres. Esta intuición del autor es realmente profética.

El libro de Jonás es, pues, un *midrash*, es decir, un comentario religioso, didáctico, de un tema bíblico. Es igualmente una sátira, bastante humorística, contra la intransigencia e intolerancia religiosa.

# 38
## ¿Los profetas preveían el futuro?

Vamos a considerar tres aspectos importantes del profetismo para responder a esta pregunta.

### a) ¿Qué es un profeta?

Mucha gente piensa que profeta es una persona que prevé el futuro. La Biblia muestra que esto no es correcto.

Profeta, en la Biblia, no es una persona que ve el futuro, sino una persona que "habla en nombre de Dios". Este es el sentido del verbo *profemí,* que quiere decir "hablar en nombre de". De este verbo se deriva el término profeta.

Sin embargo, ¿cómo sabemos que una persona habla en nombre de Dios? ¿Cómo saber que un profeta es verdadero profeta?

¿Cómo explicar las previsiones hechas por los profetas bíblicos que luego se cumplieron de hecho?

El profeta, según la Biblia, es el "hombre del Espíritu", no de la carne. Así quiere la Escritura afirmar que es solamente el Espíritu de Dios el que envuelve e impulsa a hablar en su nombre.

No son motivos o valores humanos los que llevan a Dios a suscitar un profeta. Muchas veces Dios escogió como sus profetas a hombres contra-indicados. Escogió, por ejemplo, como liberador del pueblo y profeta suyo a Moisés que era gago y rehusaba hablar en nombre de Dios (Ex 3, 10-11; 4, 10); escogió a Jeremías que no tenía condiciones para ese ministerio y no quería aceptar la misión (Jr 1, 4-6. 17. 19); escogió a Amós que era un simple pastor en el reino del sur para hablar en su nombre en el reino del norte; también Amós tuvo miedo y no quería aceptar (Am 7, 14-17).

Todos ellos, y otros, aceptaron por una fuerza interior que los sedujo y los empujó a hablar. Esta fuerza es llamada en la Biblia "*Ruah de Yavé*" es decir, Espíritu de Dios. Ese "Espíritu de Dios" toma a una persona, la envuelve, la domina, la transforma y la envía a una misión. Inclusive se tiene la impresión de que la persona sufre violencia en su libertad. Pero no es así.

Según la Biblia, el *profeta* pertenece a la comunidad de Israel, como el *sacerdote* y el *rey*. Estos son tres ejes sobre los que descansaba el pueblo de Dios. Pero la diferencia entre sacerdote, rey y profeta es grande. El sacerdocio y la monarquía son instituciones; los cargos son hereditarios. El profeta, por el contrario, no pertenece a la institución. El profeta *surge* y surge dentro de la comunidad.

El "Espíritu de Dios" irrumpe en las situaciones concretas de la vida. El instante en el que una determinada persona, por inspiración de Dios, toma conciencia de que una situación es contraria a la ley de Dios es un "instante del Espíritu". Es el momento de la llamada "inspiración profética". Dios habla por esos acontecimientos; la persona oye, entiende y siente que no puede callarse. Debe hablar, gritar. Es el momento de la adhesión de la persona a la inspiración de Dios. Es un momento de plena decisión personal.

97

Carlos Mesters dice que el profeta es el que percibe, dentro de las situaciones concretas de la vida, el corto-circuito entre el ser y el hacer, entre la teoría y la práctica. Es, según la Biblia, el "centinela de Dios" (Os 9, 8; Ez 3, 17; 33, 7). Está siempre atento. Por eso, el profeta denuncia, desinstala, perturba, derriba falsas estructuras, quita apoyos[39].

Podemos citar como ejemplo:

*Amós*: predica contra la injusticia y la vida relajada de su pueblo, duramente (Am 2, 6-8; 5, 10-13; 8, 4-7).
*Jeremías*: predica contra el templo, el mayor símbolo religioso-político de la nación hebrea (Jr 1, 11-15; 7, 1-15).
*Oseas*: predica contra la traición del pueblo de Dios, verdadera "prostitución" de la fe (2, 4-13). Y otros.

El profeta tiene, según la Biblia, una función crítica en la comunidad. Critica las falsas concepciones sobre Dios, la religión y la vida.

*Falsas concepciones sobre Dios*: el profeta bíblico recuerda al pueblo que el Dios de Israel es un Dios fuerte, presente en la historia, liberador y comprometido con el pueblo. Exige que el pueblo cumpla la alianza hecha con él (Dt 30, 15-20). Sin embargo, el pueblo de Israel abandonó a su Dios por seguir a dioses paganos, ídolos vacíos, que no exigen del hombre compromiso alguno. El Dios de los patriarcas no es así. Es el único, el todopoderoso, el libertador.

Los profetas predican vehementemente contra la idolatría, llaman al pueblo a la conversión e insisten en la observancia de la ley.

*Falsa concepción sobre la religión*: el pueblo está muy apegado a las prácticas cultuales. Sin embargo, los profetas dicen que si la nación no se convierte al Dios verdadero y a la fiel observancia de la alianza, con sus consecuencias prácticas, el culto dado a Dios en el templo es falso e inútil; la práctica religiosa es falsa pues ofrecen a Dios, único y liberador, como verdadero un culto que en

39. *Mesters, C. Deus, ¿onde estás?*, pp 49-55.

la práctica se mezcla con la idolatría que los esclaviza a los ídolos. El culto, pues, no representa la verdadera fe y la vida del pueblo. Es apenas un rito, es vacío, solamente de apariencia. Fe y vida están separadas. El templo, señal de fe y de la alianza, no tiene sentido, puede incluso ser destruido (Jr 7, 9-15).

*Falsa concepción sobre la vida*: si el Dios de los padres fue cambiado por ídolos, si la religión, por consiguiente, es falsa y ritualista, la vida de cada uno y la vida común se vuelven autónomas, descomprometidas. La consecuencia lógica de todo esto es una vida relajada: prostitución (2R 16, 4; 21, 3), idolatría, explotación social, lujo, orgías, etc. (Mi 2, 1-8; Am 6, 1-7; 8, 4-7).

Los profetas predican contra este tipo de vida, contraria a la ley de Dios y a la alianza.

Sin embargo, el profeta bíblico no es sólo uno que denuncia las injusticias y la vida extraviada del pueblo; no es sólo un crítico que denuncia, que desinstala y derriba falsas estructuras. El profeta bíblico es, ante todo, un hombre que reflexiona con su pueblo e indica caminos. El verdadero profeta da pistas, propone soluciones, fundamenta las nuevas estructuras; concretamente, llama a la conversión, propone la fe en el verdadero Dios, la adhesión al Señor y el compromiso de vida. Así se restablece el círculo: luz de la fe-gracia-vida. Por lo tanto, el profeta bíblico es siempre un hombre de esperanza. Hasta en los peores momentos de la vida del pueblo.

El profeta se convierte en verdadera señal de Dios, voz de Dios cuando *vive los acontecimientos* (y no es un "profeta contratado", un "paracaidista"); cuando *interioriza la palabra de Dios* y escucha la voz de Dios en la *oración*. De esta manera se habilita para ser "instrumento de Dios", profeta, es decir, alguien que puede hablar en nombre de Dios. Su palabra será realmente expresión del "ruah de Yavé", del Espíritu de Dios.

*b) ¿Por qué se realizan las predicciones proféticas?*

Las "predicciones" de los profetas no son visión del futuro. Son conclusiones lógicas de ciertos acontecimientos o de determinados comportamientos. El profeta es capaz de prever hasta dónde puede llegar un determinado modo de vida. Generalmente, cuando un grupo de personas es engañado, ninguno del grupo se da cuenta. Sólo lo advierte un observador atento y experto. Puede intuir.

Así son muchas de las "previsiones" proféticas. Son detectables, incluso previsibles. A la luz de la gracia de Dios, los profetas muestran al pueblo las consecuencias de ciertas actitudes contrarias a la ley del Señor.

El profeta Amós convidaba al pueblo a la conversión de vida, a la práctica de la justicia y del derecho. Donde no hay observancia de la ley; en donde no hay justicia ni derecho, decía el profeta, no habrá tampoco unidad, ni libertad. El pueblo podrá ser fácilmente dominado. Y lo fue. En el 722 aC, Asiria tomó y destruyó el reino del norte (Am 5, 16-17; 6, 8-14; 2R 17, 1-24).

El profeta Jeremías preveía también que si el pueblo no se convertía, si no cambiaba de vida, perdería luego su libertad. Sin Dios, sin culto legítimo, sin disciplina, el pueblo sería fácilmente dominado, decía el profeta. Y también lo fue. Los babilonios dominaron el país y se llevaron a casi todo el pueblo para el exilio (587-539) (Jr 7, 29-34 y 2R 24-25).

Otros profetas recordaron, de la misma manera, las consecuencias de ciertos comportamientos del pueblo. Todo pecado contra Dios o contra el prójimo trae siempre consecuencias, mayores o menores de acuerdo con la disponibilidad del pueblo para convertirse o no (Is 3, 16-26; 14, 1-2; Ez 18).

Todo esto no es una previsión en el sentido de adivinar; es una conclusión lógica —como se dice— de ciertos acontecimientos y de ciertos comportamientos.

Evidentemente, no todos los oráculos proféticos son sólo previsiones lógicas sacadas de los acontecimientos. También son intuiciones tenidas a la luz de la fe, de la gracia y de la inspiración de Dios. Sin embargo, siempre como fundamento, hay un acontecimiento. El profeta es la única persona capaz de leer el significado de dicho acontecimiento. Y lo hace por la gracia y la inspiración de Dios.

## c) ¿Hoy hay profetas?

Sí y muchos. El profetismo, lo hemos dicho, es un *artículo de fe* para el cristianismo. Por eso, el movimiento profético no sólo existió, sino que existe y es muy fuerte. La inspiración de Dios y la fuerza del Espíritu llenan todo el universo, afirma el libro de la Sabiduría (Sb 1, 7).

Más aún: si la palabra de Dios es eterna (Is 40, 8) y produce siempre su efecto (Is 55, 11) es lógico concluir que también hoy está actuando. Y actúa no sólo en la Iglesia de Dios, nuevo Israel, y mediante los cristianos (nuevos profetas), sino también por medio de tantos hombres y mujeres de buena voluntad que luchan por la justicia, el bien, la paz, aunque no pertenezcan a la Iglesia institucional. Podemos afirmar que el movimiento profético está actualmente tan vivo como lo fue en el tiempo de los profetas clásicos y que actualmente es tan necesario como lo era en Israel, pues también actualmente el hombre necesita al pedagogo, al carismático, al testigo que, viviendo de acuerdo con la palabra e impulsados por el Espíritu de Dios, sean la conciencia crítica de su modo de vida, critiquen, desinstalen, derrumben sus certezas y falsas posiciones y que le hagan oír el claro llamamiento de Dios, indicándoles las pistas esperanzadoras del mundo feliz.

Evidentemente hay diferencias teológicas entre el profetismo que se realiza con base en la fe y el profetismo que se realiza con base en los valores humanos, como hay diferencias entre el verdadero y el falso profeta.

El profeta verdadero, ya lo dijimos, surge en las situaciones concretas de la comunidad. Es el "centinela de Dios" (Os 9, 8; Ez 3, 7; 33, 7) que percibe el peligro; él percibe el corto-circuito entre la fe y la vida y da la voz de alarma.

Si el profetismo es actualmente una realidad, lo es precisamente por que las situaciones concretas de nuestra vida son tormentosas. Hay un profundo abismo entre fe y práctica, con consecuencias concretas en la vida socio-económica del pueblo, en las costumbres y en la religión. Cuando la fe no se vive a profundidad, entonces el hombre no tiene ningún escrúpulo en oprimir a su prójimo, creando estructuras económicas que hacen que unos pocos se hagan cada vez más ricos a costa de los otros que se empobrecen cada vez más (Puebla, 27-30). Sin una fe profunda y viva, los valores éticos pierden su sentido. Lo que entonces tiene valor es la corrupción tanto a nivel personal como social.

En ese esquema, la religión, a su vez, no será la expresión fiel del reconocimiento de Dios. Uno, Señor, Padre, Liberador; nunca llegará a ser la señal de la adhesión a él y de su compromiso con el hermano; será sólo culto, que puede llegar a impresionar por la belleza y la pompa de la liturgia pero no por la seriedad y coherencia evangélicas.

Los profetas de hoy actúan justamente en este campo al poner en cuestión la práctica social, religiosa y ética de sus contemporáneos. El criterio que legitima al profeta verdadero actualmente es el mismo criterio bíblico: se puede identificar al profeta por su fidelidad al hombre. Por una parte, recuerda las exigencias de un Absoluto, Dios; por otra, lucha con amor por el respeto al hombre, que es señor y no esclavo de la historia.

En una palabra: verdadero profeta actualmente es todo aquel que defiende a su hermano, por ser imagen de Dios y expone por él hasta su propia vida.

No resulta difícil confundir al profeta evangélico con el mártir de una causa social o con un auténtico líder social. Sin embargo, se debe estar atento a su mensaje y a su vida. El verdadero profeta evangélico defiende la causa del hombre en nombre de Dios y no de un grupo o de un partido y de sus intereses.

Sin embargo, éste no deja de ser por eso un verdadero profeta o líder que defiende a sus hermanos contra las injusticias, las opresiones (¡también sin ser cristiano!). Es profeta de Dios todo aquel que expone su vida por el hermano, todo aquel que escucha el grito de dolor del hombre esclavizado y levanta su voz. De ahí que en muchos liderazgos sindicales, rurales y obreros actuales haya semillas de auténtico profetismo.

Hay también hoy vigoroso profetismo en las voces de la Iglesia, de las conferencias episcopales, de la diócesis y parroquias, movimientos pastorales, etc. Son muchos los ejemplos. El rasgo común que los une a todos, cristianos y no cristianos, instituciones y personas, es la causa del pobre, del pequeño, del que padece la injusticia. Jesús dijo: "... *En verdad les digo: cada vez que lo hicieron con uno de estos mis hermanos pequeños, me lo hicieron a mí*" (Mt 25, 40).

No siempre se acepta bien al verdadero profetismo; con frecuencia es puesto en cuestión, ¡hasta se le persigue! Incluso en la Iglesia de Jesucristo. Siempre se da la masa alienada "perdida en prácticas y observancias" [40], como también se dan los grupos poderosos que usan su poder para explotar. Todos éstos rechazan, ponen en cuestión, no aceptan las denuncias proféticas. Pues el profeta, como se ha dicho, perturba, inquieta, desinstala. Así fue antes, así es hoy. Ya Jesús previno sobre esto: "*Felices los que son perseguidos a causa de la justicia, porque les pertenece el reino de los cielos* (Mt 5, 10).

En conclusión: la función principal de los profetas bíblicos no fue la de prever el futuro. Ellos no lo hicieron, además. Muchas de sus previsiones caben perfectamente dentro del cuadro de posibilidades y probabilidades humanas. Pero el Espíritu del Señor actuó sobre ellos para que ejercieran su función crítica en la comunidad, exactamente. El papel de los profetas fue y será el de ser los centinelas de Dios en medio de su pueblo; el de ser los críticos de una fe divorciada de la práctica; el de ser anunciadores de la palabra de conversión; el de ser el apoyo en las luchas y signos de esperanza.

## 39
## ¿Cuál es el significado del libro de Job?
## ¿Es una enseñanza sobre la paciencia?

El libro de Job es uno de los libros poéticos más antiguos y bellos de la Biblia. El asunto que trata no es el de la "paciencia de Job", sino dos problemas que incomodan a mucha gente: cual es el sentido *del sufrimiento del inocente* y la *doctrina de la retribución*. Según esta doctrina, Dios retribuye a cada uno según lo que hace: a los

---

40. *Mesters, C. Deus ¿onde estás?*, p 58

buenos, les da salud, alegría, bendiciones; a los malos, les da castigos, sufrimientos, desgracias. Y sin embargo, hay tanta gente buena que sufre y sólo tiene pesares en la vida. ¿Cómo se explica esto?

Ahí se ubica el libro de Job

En el fondo, puede decirse, el libro trata de un solo problema: ¿Por qué Dios no castiga a los malos y protege a los buenos? El libro discute entonces la "justicia de Dios". En dicha discusión entran los problemas del dolor y del sufrimiento humanos.

Según cierta concepción teológica del AT, todo castigo es la consecuencia de algo malo que se ha hecho y toda felicidad es consecuencia de la justicia que se practica. Cuando el justo sufre, entonces paga o por algún pecado que cometió o por los pecados de los demás. Esa idea, común en el AT, pasó al NT (Jn 9, 2ss).

Pero ya en el mismo AT, muchas personas discutían sobre dicho criterio y dicha concepción. No consideraban justo que alguien pagara por lo que no había hecho. Así pensaba el profeta Ezequiel, por ejemplo; decía a los judíos deportados que el castigo de la deportación era consecuencia de las culpas y crímenes anteriores cometidos por ellos; era la consecuencia lógica de la infidelidad común, de todos y no sólo de los antepasados (Ez 18). Así piensa al autor del libro de Job.

Para discutir el tema, el autor crea una historia o un drama. En él, dispone los personajes: los que opinan, según la tradición común, que Dios castiga a los malos y premia los buenos; los que opinan que los sufrimientos del justo son consecuencia de los pecados de otros; y el personaje principal: Job y el punto de referencia que es Dios.

La trama es muy simple: el autor imagina una reunión en el cielo entre Dios, los ángeles y Satanás. Dios elogia las virtudes de su siervo Job. Satanás contesta diciendo que es virtuoso porque es rico y sano, pero que si pierde sus bienes perderá igualmente sus virtudes. ¡Habría que probarlo! Dios lo permite y Job pierde todos sus bienes. A pesar de esta pérdida, incluidos los hijos, Job no se rebeló ni protestó; al contrario, alabó a Dios por la oportunidad de ser probado.

Derrotado por las virtudes de Job, Satanás pide a Dios que lo pruebe una vez más, quitándole, esta vez, la salud. Nuevamente Dios lo permite. Job resultó leproso. Su mujer se rebeló y protestó contra Dios, preguntando el porqué del sufrimiento de un hombre tan bueno. Pero Job, nuevamente, se conforma y responde diciendo que así como ha recibido de Dios tantos bienes así mismo recibe ahora la desgracia.

Job perdió todo: los bienes, la familia y la salud. El pueblo decía que su sufrimiento era el castigo de sus pecados. Pero él se sabía inocente.

Vinieron tres amigos a visitarlo y a consolarlo. Dieron también ellos su opinión sobre las causas de sus sufrimientos.

Los diálogos que trae el texto reproducen las preguntas que se hace toda persona en lo íntimo sobre el problema del dolor y del sufrimiento: ¿Quién los explica? El libro, entonces, presenta las diversas opiniones.

*La opinión del pueblo*: todo sufrimiento es castigo de Dios. Si la persona sufre es por sus propios pecados o por los de otros.

*La opinión de los amigos de Job*: sus tres amigos representan la sabiduría tradicional, la teología tradicional. La tradición enseña que Dios es justo y por eso premia a los buenos y castiga a los malos:" "*¿Acaso Dios tuerce el derecho, sadday pervierte la justicia? Si tus hijos pecaron contra él, ya los dejó a merced de sus delitos. Si tú recurres a Dios e imploras a Sadday, si eres irreprochable y recto, desde ahora él velará sobre ti y restaurará tu morada de justicia*" (Jb 8, 3-6).

Para Bildad, uno de los amigos, Job está pagando los pecados cometidos. Y debe convertirse a Dios. Esta es también la opinión del otro amigo, Elifaz (5, 8-11). Según el tercer amigo, Dios es bueno. No comete injusticia.

Si Job sufre, es porque lo merece. Dios se venga solamente de los malos y no de los buenos como Job (Jb 20, 23-25).

Todavía otro amigo, Eliú, dice que Dios tiene razón de cuanto hace. Hasta en el sufrimiento, él muestra su bondad ya que el sufrimiento educa al hombre (36, 3; 33, 17-19). El sufrimiento es remedio amargo, pero cura al pecador; Dios no castiga por maldad (34, 12).

Finalmente, Eliú afirma que Dios no tiene que dar satisfacción por lo que él hace (37, 23).

Para los amigos de Job, Dios es bondad y justicia; todo lo que hace, lo hace bien; no se le puede poner en cuestión ni tiene por qué dar razón a nadie. El sufrimiento que él envía es medicinal; muchas veces se lo merece el hombre; otras veces, paga por otros; ¡el hombre que sufre, debe convertirse a Dios!

Job no acepta ninguna de estas opiniones. Ni la del pueblo ni la de sus amigos. Cuanto dicen son cosas sabidas. Para defender a Dios que manda sufrimientos al justo, dicen que lo hace a causa de los pecados cometidos por el hombre. Es mentira. Hay pecadores que no sufren; no tiene sentido que alguien pague por lo que no ha hecho. Job protesta.

La actitud de Job es la de negar las opiniones preconcebidas sobre el sufrimiento y la de hallar otra explicación al problema. Y va a pedirle a Dios mismo la solución.

En esa parte del libro, el autor, mediante Job, da algunos pasos en la elaboración de la teología del "misterio de Dios". ¿Quién es ese Dios con el que Job va a hablar? Es un Dios que se oculta, pero que está muy cerca (En el texto Dios es llamado Sadday que significa "muy próximo"). Paradójicamente, Dios es amigo y enemigo, presente y ausente, donación y abandono, recompensa y castigo.

El autor presenta así el conflicto interior de Job (y de todo hombre) en relación con Dios. "No consigue hacerse una imagen coherente de Dios y por eso oscila entre la rebelión y la adoración, entre el desafío y la súplica. Sus respuestas a los amigos nos hacen conocer más el camino de un hombre que el rostro de Dios. Mejor aún: mediante la lucha de Job con Dios, similar a la de Jacob, aprendemos a conocer las oscuras profundidades y los desconcertantes abismos de la experiencia de fe. El Dios de Job no puede ser circunscrito, se escapa de toda clasificación simplista[41].

41. Bonora, A. Il contestatore di Dio, Turín: Marietti, pp 53, 978.

Dios responde a las preguntas de Job, con un largo discurso sobre la sabiduría divina (38-41) Dios fue quien hizo el mundo, en el que existen tantos misterios que ni Job ni ninguna otra persona pueden explicar. Pero todos tienen sentido y lugar en el conjunto de la creación[42].

El libro termina diciendo que luego de haber escuchado a la sabiduría divina, que se revela en tantos misterios, Job entendió su limitación como hombre. No será capaz de sobrepasar los misterios de Dios: *"Yo te conocía sólo de oídas, mas ahora te han visto mis ojos. Por eso me retracto y me arrepiento en el polvo y la ceniza"* (42, 5-6). Así el autor nos enseña que cada uno debe dar su respuesta ante los problemas de la vida a la luz de la fe. No quedarse en lo que otros dicen; no quedarse en el "oír decir" sino entender, hacerse la propia imagen de Dios (42, 5). Es necesario deshacer las ideas erróneas que se tienen sobre Dios y construir la propia idea, también a partir de la propia experiencia.

El autor no da solución al problema del sufrimiento, del dolor, de la justicia retributiva. Pero da una gran pista para la reflexión: Dios es amigo y se manifiesta también en el sufrimiento; el sufrimiento es un misterio que sobrepasa nuestro entendimiento y pertenece a la sabiduría de Dios. Es una gran insensatez culpar a Dios por todo lo malo que sucede, como lo hacen todos; cada persona debe emplear su propia experiencia, incluida la experiencia del dolor, del sufrimiento, para llegar más cerca de Dios y verlo (42, 5). El sentido del libro es, pues: que cada uno descubre la mejor solución, la mejor respuesta para los problemas existenciales que encuentra en su vida diaria.

En conclusión: el libro de Job no es un libro sobre la paciencia. Es un libro que discute un gran problema existencial: existe el dolor, el sufrimiento, también el sufrimiento del inocente. ¿Quién tiene la culpa? ¿Dios o el hombre? Hacer culpable a Dios es lo más fácil, pero es algo simplista e insensato. El dolor y el sufrimiento, también el del justo, son misterios presentes en nuestro caminar. Hacen parte del crecimiento de la persona. Nadie posee la llave de este misterio. Sólo Dios. El hombre ha de entenderlo así,

---

42. Mesters, C. *Deus, ¿onde estás?*, p 105

buscar su respuesta y dejarse guiar por ella. "Dios es el misterio del amor y de la vida. El autor quiere que el hombre se libere de la prisión de las ideas hechas para vivir la vida real, llena de nuevas experiencias en donde está presente Dios"[43].

# 40

## La Biblia habla de la evocación de los espíritus y que éstos pueden hacerse presentes

El texto bíblico que ofrece mayor apoyo a esta interpretación se encuentran en 1S 28, 3-25. Este texto presenta la consulta a los muertos que hizo la pitonisa de Endorn a pedido del rey Saúl, que llegó disfrazado de viajero.

La humanidad ha tenido siempre curiosidad por conocer el más allá; se preocupó siempre por conocer el futuro. Buscó y busca respuesta en la astrología, en el vuelo de los pájaros o en sus vísceras, (*enteromancia*), en las líneas de la mano (*quiromancia*), en los movimientos del péndulo, en las cartas de las barajas y en tantas otras señales posibles. Magos y adivinos constituyeron florecientes grupos antiguos. La tónica de todos ellos es la preocupación por el futuro, en el sentido de descifrarlo, conocerlo, tener en fin alguna respuesta sobre el mismo.

En el mundo antiguo, uno de los caminos más recorridos buscando respuestas satisfactorias fue el de la "evocación de los espíritus". Los hombres suponían que los muertos podían volver, en determinadas circunstancias, a la tierra de los vivos y responder a las preguntas sobre el más allá. En la literatura oriental se encuentran muchos textos sobre este tema. Israel también cedió a la tentación de querer investigar el futuro por estos medios. Se dio cuenta luego de que esto no era posible; el futuro está en las manos de Dios y cuando él quiere revelar algo lo hace por medio de los profetas y los signos de los tiempos. Es algo inicuo recurrir a otros medios (Dt 18, 9-22).

43. *Storniollo*, I. -Balancin, E. M. Conheça, a Bíblia. Ed. São Paulo:São Paulo, 1986. pp 89-90

Sin embargo, la Biblia relata un caso de "consulta a los espíritus de los muertos" (*necromancia*). Este relato se encuentra en el Primer libro de Samuel (1S 28, 2-35). Como sabemos, se trata del rey Saúl que, abatido ante los enemigos, resuelve consultar a una vidente que evocaba a los espíritus deseando saber qué debía hacer. El texto dice que se evocó el "espíritu de Samuel"; Samuel se apareció a Saúl y luego de haberlo censurado por haberlo perturbado con la evocación, le garantizó que tanto él como el pueblo serían entregados en manos de los enemigos y que él y sus hijos morirían al día siguiente.

*¿Qué hay de verdad en eso?*

En relación con la posibilidad de que "los espíritus se hagan presentes" responden la ciencia y la teología.

La ciencia ha demostrado que la mente humana tiene fuerzas físicas extraordinarias. La parasicología ha demostrado la capacidad de la mente humana para modelar el llamado "plasma humano". Este fenómeno se llama ectoplasmia. La aparición de los espíritus se puede encuadrar muy bien dentro del marco de las fuerzas físicas y síquicas de la mente humana. Es un fenómeno parasicológico. La telergia (palabra griega que significa acción a *distancia*) es un fenómeno extranormal de "desagregación y liberación de fuerzas motoras plásticas, del hombre, es decir, de las fuerzas físicas, corporales, dirigidas por el siquismo inconsciente"[44].

La ectoplasmia (palabra griega que significa literalmente: cosa modelada desde el exterior) es la exteriorización y la condensación más o menos moldeada o moldeable de la telergia. La "aparición de los espíritus" es algo que puede explicarse científicamente.

Es necesario consultar a la ciencia antes de aceptar fácilmente como fenómeno sobrenatural la "aparición de los muertos"[45].

44. Quevedo, O. G. *As forças físicas da mente*. São Paulo: Loyola, 1978, vol I, p. 47.

45. Para un mejor conocimiento del tema, cf Quevedo, O. G. *Op. cit.*, 21-60 y 221-293.

Desde el punto de vista teológico y bíblico se puede decir que el famoso episodio de la "aparición del espíritu de Samuel a Saúl" (1S 28, 3-25) es inaceptable como fenómeno sobrenatural. En primer lugar, porque no debe buscarse una explicación sobrenatural para un fenómeno, antes de haber agotado todas las respuestas naturales y científicas sobre el mismo. No podemos olvidar que la ciencia progresa, que camina. Lo que hoy no logra explicar, puede hacerlo mañana. En segundo lugar, se debe tener presente que la revelación de Dios se realiza en la historia, según la Biblia. Dios se revela a partir de los hechos y por medio de ellos. El hombre debe leer en ellos la voluntad de Dios. Los acontecimientos de la historia son señales reveladoras de la voluntad salvífica de Dios. No se necesita una intervención especial, milagrosa, para que Dios se revele a cada hombre.

Este episodio puede explicarse naturalmente. No hubo, en realidad, ninguna aparición del espíritu de Samuel. El texto presenta claramente el drama personal grande que vivía Saúl. Estaba desgastado física y síquicamente. Vivía atormentado, trastornado, neurotizado (1S 16, 14-16; 18, 10-12) Se sentía aislado, solitario, desamparado. Estaba aterrorizado por sus enemigos (1S 28, 5); ni Dios ni los hombres lo escuchaban ya (28, 6). Ante esta situación, resolvió apelar al mundo del más allá, con la vana esperanza de liberarse de sus angustias, engañándose a sí mismo. Y recurrió a algo que él mismo había condenado (28, 3b). Para consultar a la vidente tuvo que caminar mucho, hasta Endor, pasando por medio del peligro de los campamentos enemigos.

El cuadro sicológico negativo de Saúl favoreció la acción de la vidente. Pero sintió miedo de "hacer el trabajo" porque el rey había prohibido este tipo de prácticas (28, 9). Obligada por Saúl, ella comenzó ha hacer el "trabajo" y descubrió que su cliente era el propio rey. Garantizada su vida, continuó su "trabajo" y puso a Saúl en contacto con Samuel.

Este Samuel que fue evocado por ella, por petición del rey desde la "región de los muertos" y conversó con él, repitió cuanto ya había dicho en vida el mismo Samuel contra Saúl (1S 15, 26-28). El había censurado a Saúl y sus palabras se repiten ahora como si fueran las de su "espíritu evocado". La "visión" que tiene la mujer y la "profecía" que hace a Saúl (28, 16-19) eran ya cosas conocidas. Todos sabían que Saúl tenía contados los días como rey. Y ella comprendió mejor esto viendo el lastimoso estado del rey. Por lo mismo, luego de repetir lo que ya todo el mundo sabía, ella deja su juego de vidente y asume el papel de persona humana, comprensiva, cariñosa y servicial, como toda persona pobre y simple: se convierte en cocinera y enfermera del rey (28, 20-25).

El episodio tiene como finalidad enfatizar dos cosas: primero, mostrar que Saúl había sido rechazado por Dios y por el pueblo; dicho rechazo le había sido comunicado por Samuel aún estando vivo y era algo decidido para siempre. Por eso el texto sugiere que, aún muerto, Samuel ratifica el rechazo. Segundo, el texto quiere resaltar la figura del nuevo rey David, que lloró amargamente la muerte de su rey Saúl, rechazado por Dios y por Samuel (1S 13, 8-15; 15, 10-23) y reconoció el gran valor de Saúl que dio su vida por el pueblo en la batalla de los montes de Gelboé, junto con Jonatán, su hijo, amigo íntimo de David (1S 31; 2S 1).

El relato no trata pues de la "evocación" de los muertos, sino del rechazo de Saúl, descrita dentro del recurso literario que simbólicamente presenta a Samuel que ratifica de nuevo tal rechazo. El autor utilizó en la elaboración de su relato el lenguaje de su tiempo sobre el mundo del más allá. Emplea, por ejemplo, la expresión "subir de la tierra" (v 13) que en el judaísmo antiguo designaba el lugar de los muertos, el sheol. El sheol era el último lugar del mundo; estaba debajo del mundo de las aguas y era el lugar de habitación de los muertos. Estos estaban en el sheol en un estado de total pasividad e inacción; no había allí movimiento ni sabiduría ni pensamiento. El texto que tratamos recuerda esto, diciendo que Samuel estaba allí en *reposo* (v 15).

# 41
## ¿Existe el demonio o es un invento?
## ¿Qué dice la Biblia?

Brevemente podemos decir que el demonio existe y que no es una invención. Sentimos su fuerza cada día en nosotros y en el mundo en que vivimos. La Biblia, tanto en el AT como en el NT, habla de esto. Pero el demonio no es el ser que pintamos de ordinario o en el que creemos. Hay que dar algunos pasos para comprender mejor lo que es ese espíritu.

Los términos más comunes para designar a este espíritu malo, son demonio, diablo, satanás.

El término *demonio* viene del griego (=*daimon*) y significa literalmente: dios, espíritu. Esta palabra como también *daimonion* designaba en las creencias populares griegas a seres de otro mundo, generalmente imaginados como espíritus de los muertos, dotados de gran fuerza sobrenatural que intervenían en la vida del hombre. El hombre podía librarse de ellos mediante la magia únicamente.

La filosofía griega elevó a estos seres a la categoría de divinidades (= *dios*), y los puso como intermediarios entre los dioses y los hombres.

El término *diablo* viene igualmente del griego (=*diabolos*) y significa *calumniador*. Este término es usado en el NT siempre en singular. Los términos *demonio y espíritu malo* se emplean también en plural. La palabra *diablo* es traducción griega del hebreo *satan*.

El término *satanás* viene del hebreo (= *satan*) y literalmente significa *incomodar*. En general tiene el sentido de *acusador* y designa en particular a la persona que en el tribunal hace el papel de abogado acusador[46].

Todas las religiones antiguas tenían la idea de la existencia de seres sobrenaturales que influían negativamente en la vida del hombre. Esto hace parte del patrimonio universal de la humanidad.

*¿Qué dice la Biblia al respecto?*

En el Antiguo Testamento

En el AT no hay una creencia definida sobre el demonio. Hay algunas breves alusiones en el lenguaje popular, como por ejemplo, en 1S 16, 14-15 en donde se dice que un "espíritu malo"

---

46. *Van den Born*, A. *Op. cit.* Art. *"demonio"*, col 365-366 y *"satan"* col 1396.

proveniente de Yavé ensombrecía a Saúl. La alusión de Dt 32, 17 al demonio debe entenderse como una referencia a los dioses paganos, como lo explica el texto mismo. Para el AT todo mal que afectaba al hombre no procedía del demonio (como lo entendemos), sino del mismo Dios que enviaba sus ángeles a los hombres. Unos les hacían el bien (=los ángeles de la guarda) y otros les hacían el mal (=los demonios).

## En el judaísmo

Por el contrario, el en AT es muy fuerte la creencia en *Satanás*, el acusador. El sustantivo *Satanás* es entendido genéricamente como referencia a toda persona que se opone a otra (cf 1S 29, 4; 2S 19, 23; 1R 5, 18; 11, 14. 23. 25, etc.). De modo particular, designa a un ser sobrenatural que acusa al hombre delante de Dios[47].

Esta idea nació en el judaísmo tardío, es decir, en el período intermedio entre el AT y el NT. En este tiempo tomó cuerpo propiamente la creencia en el demonio. Por influencia griega. El judaísmo intenta explicar el origen de los demonios. Los libros apócrifos (por ej. Henoc 53, 3) describen a los demonios como ángeles caídos o como hijos de Dios que se casaron con mujeres. Esta idea se conserva aun en Gn 6, 1-4. Satanás era también identificado con la serpiente (Gn 3); por esto, el libro de la Sabiduría dice que *"por la envidia del demonio entró la muerte en el mundo"* (Sb 2, 24).

Es muy conocido el pasaje del libro de Job en donde Satanás acusa al justo delante del trono de Dios (Jb 1, 6-2, 7). Como lo vimos, éste es un modo de hablar.

El AT tiene un concepto bastante elástico del demonio; sin embargo, sin llegar a distinguir bien entre lo que Dios causa directamente y lo que permite, el AT identificó un principio del mal que actúa en el mundo e intenta perjudicar al hombre: es Satanás, el acusador, el perjudicador.

47. Existe una curiosa tradición hebrea que dice que Satanás acusa al hombre delante de Dios todos los días, menos en uno: en el día nacional de la gran penitencia, el "Gran Perdón" (*yom kippur*). De hecho, si se sumaran como números las letras que forman la palabra *ha-satan* (el acusador) se obtendría el número ¡364! (cf *Pronzato*, A. *Un cristiano comincia a leggere il vangelo di Marco*, Turín: Gribaudi, 1979, p 57, n 3.

113

## En el Nuevo Testamento

La demonología del NT tiene raíces tanto en la demonología del AT como en la del judaísmo. Sin embargo, el NT habla poco de demonios, salvo los casos de posesión demoníaca. Los demonios son llamados ordinariamente "espíritus" o "espíritus impuros". El NT utiliza también el lenguaje simbólico de la mitología para personificar el mal (por ej. Hch 16, 16; 1Co 10, 20; Ap 12, 9; 18, 2). Este lenguaje no implica afirmaciones dogmáticas. El uso del simbolismo no compromete la concepción neotestamentaria del demonio, que parece sustentar la existencia de espíritus personales malos[48].

El NT utiliza indistintamente los términos Satanás y diablo para designar al espíritu malo. Este espíritu malo se caracteriza como *fuerte* (Mt, 12, 29; Mc 13, 19; Lc 11, 21) el *maligno* (Mt 13, 19), el *tentador* (Mt 4, 1; Mc 1, 13; Lc 4, 2). Su poder es poder de tinieblas (Lc 22, 53) y lo ejerce en el mundo (Lc 13, 16).

El NT deja en claro que *Satanás* o el *diablo* están sometidos al poder de Dios y serán dominados definitivamente (Ap 20, 10; 2P 2, 4)[49].

El conjunto de todos estos textos y de otros en el NT podrían llevar a creer que los término diablo o Satanás designan realmente a un poder del mal, personal, a un ser.

La doctrina tradicional afirma, a la luz de los textos bíblicos, que de hecho existe el demonio como *ser personal*. Es la absoluta antítesis de Dios. Afirma igualmente, que éstos son ángeles caídos del cielo por soberbia (Henoc 53, 3; 2P 2, 10-12; Jdt 6). Esta doctrina apenas tiene base en la tradición religiosa hebrea.

La doctrina tradicional de la Iglesia enseña que "hay espíritus malos personales, pero insiste en el hecho de que ellos son malos por su propia voluntad y no por creación"[50]. La Biblia muestra que la existencia de los espíritus malos es cierta, dice Mckenzie, pero no la explica[51].

48. Cf Mckenzie, J. Op. cit. Art. *"demonio"*, p 227.

49. *Idem*. Art. *"Satanás"*, p 853

50. Mckenzie, J. *Op. cit.* p 227.

51. *Ibid.* p 47.

## Una conclusión teológica

No se puede negar la presencia en el mundo de una fuerza activa del mal que se opone con vigor al bien. Una fuerza que se hace sentir a nivel personal y social y que es antitética a Dios. San Pablo llama a esta fuerza "el dios de este mundo" (2Co 4, 4). El dominio de ese dios sobre el mundo es claro y se ejerce sobre el hombre. Es el "hombre más fuerte" (Mc 3, 27) El hombre se somete a ese dios cada vez que elige el mal y se hace esclavo del pecado (1Jn 2, 8. 10).

El demonio es el poder del mal que actúa en el mundo y que tienta al hombre (1Co 10, 13; 7, 5; Lc 22, 31) y se manifiesta bajo diversas formas. Este poder procede de un ser personal, pero no creado por Dios para el mal, sino que se hizo tal por propia elección. La Biblia no explica el origen de este ser, como tampoco explica el origen del mal en el mundo. Y no puede explicarlo. La Biblia verifica lo mismo que nosotros verificamos; que existe una fuerza terrible que atrae al hombre al mal. Y le da uno o varios nombres: diablo, demonio, satanás y se esfuerza incluso por identificar su origen haciéndolo un ángel caído, según algunos textos. Pero podemos darle otros nombres y otras explicaciones. Lo que no podemos negar es su existencia, su influencia en el mundo y en las personas, pues lo experimentamos cada día como también vemos el mal que actúa en el mundo.

Por otra parte, sabemos igualmente que hay otra fuerza: la fuerza operativa del bien que nos llegó por la resurrección de Jesús. La resurrección de Jesús es la garantía de la victoria sobre todo mal. Con su muerte y resurrección, él venció el poder de las tinieblas (Jn 12, 31); el hombre está salvado, pero aún no; es decir, debe cooperar para su salvación y para la salvación del mundo, haciendo que fructifiquen los gérmenes de la resurrección de Jesús. El hombre puede vencer en sí mismo esa fuerza solicitante del mal por la gracia de Dios, por la oración, el ayuno, la fe (Rm 16, 20; Ef 6, 11). Este poder del mal, personal, que actúa en el mundo, será definitivamente vencido al final de los tiempos. Perderá toda su fuerza (Ap 20, 10) y Dios será todo en todos (1Co 15, 28).

## 42

La Biblia dice que el pueblo de Israel
caminó por el desierto cuarenta años
y que Dios hizo muchos milagros en su favor.
¿Por qué caminar tantos años y por qué tantos milagros?

La marcha del pueblo de Israel por el desierto, junto con todos los hechos extraordinarios que se dieron antes y durante dicha marcha, se relatan en los libros del Exodo y de los Números. El libro del Exodo narra fundamentalmente la lucha del pueblo por su liberación, la salida de Egipto hacia la tierra prometida, la travesía por el desierto, la Alianza pactada con Dios y termina contando la construcción de la Tienda del Señor, también en el desierto (c 40). El libro de los Números continúa la historia de la marcha, narrando los acontecimientos que se dieron hasta cuando el pueblo llegó a la tierra prometida.

La marcha fue larga y estuvo marcada por grandes intervenciones de Dios, llamadas también "milagros del desierto". Podemos recordar algunos de éstos: paso por el mar Rojo (Ex 14, 15-31), las aguas milagrosas (Ex 15, 22-26), el maná y las codornices (Ex 16, 1-36), el agua que brotó de la roca (Ex 17, 1-7) y la batalla contra Amalec (Ex 17, 8-16), etc.

Acerca del paso del mar Rojo y del maná en el desierto ya se dijo algo antes, en las preguntas n 24 y n 27. En los otros milagros recordados aquí y en otros contados en los libros del Exodo y de los Números, podemos ver la "mano poderosa de Dios" que actúa en la historia y que dirige los acontecimientos hacia un determinado fin. No todo es milagro, en el sentido que le hemos dado. Hay mucho del redactor que interpretó como milagros tantos fenómenos que en esencia no lo eran. Pero, vio en todo eso "la mano poderosa de Yavé.

Vamos a hacer algunas observaciones sobre los otros milagros: la presencia de Dios en la columna de fuego y en la nube (Ex 13, 21-22), las aguas de Mara (Ex 15, 22-26), el agua que brotó de la roca (Ex 17, 1-7) y la batalla contra Amalec (17, 8-16). Luego diremos algo sobre los 40 años de la marcha del pueblo por el desierto.

*a) La presencia de Dios en la columna de fuego
y en la nube (Ex 13, 21-22)*

Estos dos elementos: fuego y nube, son parte de las teofanías en el mundo bíblico. Teofanía significa manifestación de Dios bajo determinadas formas; la teofanía es el patrimonio religioso-cultural típicamente israelita. Acontece, por ej., con ocasión de la Alianza hecha en el Sinaí (Ex 19, 16-19): Dios se revela, se manifiesta, mediante una convulsión de la naturaleza; ahí aparecen los elementos típicos de la teofanía: nube, fuego, trueno, terremoto.

El fuego es en la Biblia señal de la presencia de Dios; Yavé es *fuego* que consume (Dt 4, 24; 9, 3; Is 33, 14).

Por otra parte, la nube como elementos teofánico es también recordada en la Biblia. Yavé aparece en las *nubes* (Jc 5, 4); las nubes son el carro de Yavé (Sal 18, 10); él camina sobre las nubes (Sal 68, 5).

Por lo tanto, la "columna de nube" durante el día y "la columna de fuego" durante la noche, que acompañaban y protegían al pueblo en su marcha, son las imágenes de la *presencia de Dios* en medio de su pueblo. Dios caminaba con él y lo protegía día y noche: esto es lo que quiere decir el texto.

*b) Las aguas milagrosas de Mara (Ex 15, 22-26)*

La fuerza del texto no está en el "milagro" que hizo Moisés convirtiendo el agua salada en agua potable. El texto va en otra dirección: la rebeldía del pueblo. Las palabras *Mara, agua amarga* y la locución "no pudieron beber" subrayan ese estado de rebeldía. La marcha del pueblo por el desierto está tachonada por murmuraciones del pueblo contra Dios y contra Moisés y por rebeliones (Ex15, 22-26; 17, 3; Nm 20, 2ss; Ex 16, 2; Nm 11, 4ss). La fuerza del texto se orienta a mostrar que, pese a todo, Dios atendió siempre a su pueblo dándole alimento y agua; a un pueblo que, no obstante, no quería luchar contra las dificultades de la marcha hacia la liberación; marcha que exigía sacrificios, dureza, lucha y no comodidad e inercia. Pueblo *amargo* y rebelde. Este es el núcleo de la narración. Dios tuvo que cambiarlo, transformarlo.

Moisés hace que el agua sea potable poniendo en ella un pedazo de madera (v 25). En el desierto, según se dice, existía un tipo de madera con la propiedad de hacer que el agua salobre se volviera potable; los beduinos la usaban. El libro del Sirácides ( o Eclesiástico) alude también a esto (Si 38, 5). El texto hebreo, sin embargo, atribuyó el milagro al "poder de Dios" y no a la virtud de la madera. Una explicación plausible del texto puede ser: por obra de Dios, empleando las cualidades naturales de un árbol, Moisés hizo que el agua amarga se convirtiera en agua potable[52].

### c) El agua que brotó de la roca (Ex 17, 1-7)

El tema del relato es el mismo de Ex 15, 22-26 y Nm 20, 1-13, es decir: la murmuración y la revuelta del pueblo. Los nombres del lugar recuerdan esa nueva revuelta del pueblo: *Meriba* que en hebreo significa discusión y *Massa* que quiere decir tentación. El pueblo discutía con Dios y lo ponía a prueba, es decir, le exigía cada vez pruebas mayores, desafiándolo. El texto es claro en decir que el pueblo quería que Dios le obedeciera, que hiciera siempre su voluntad y no al contrario: "¿Está Dios en medio de nosotros o no?" (v 7)

La prueba que Yavé da al pueblo de su presencia en medio de él es el "milagro" del agua que brota de una roca, por intervención de Moisés. La fuerza del relato, aquí también, está en la insistencia por mostrar que una vez más Dios atiende a su pueblo y le concede una nueva oportunidad para que cambie de actitudes, que crea en él y realice su propia liberación. Dios es capaz de cambiar una roca en fuente de agua, dice el texto, es decir, Dios es capaz de hacer cambiar a ese pueblo rebelde, discutidor, desafiante, acomodado, en un pueblo obediente, pacífico, dinámico y libre. (cf Dt 8, 15; sal 11, 8).

El texto señala igualmente que Yavé es *fuente de vida*, una idea muy bíblica. Apartarse de Yavé, abandonarlo, es beber agua contaminada; ser infiel a Yavé es separarse de la fuente viva y pura (Jr 2, 13; 17, 13).

---

52. Cf. Auzou, G. *Dalla servitú al servizio: il libro dell'Esodo*, pp 189-190.

Otra idea sugerida por el texto y empleada por el profeta Ezequiel es la siguiente: estar lejos de Dios, fuente de vida, es morir de sed. El pueblo, cuando se separe de Dios, que es fuente de vida, pasará por la gran sed del exilio en "el desierto de los pueblos" (Ex 20, 35). Pero al convertirse a Dios, volviendo a la fuente de agua viva, el pueblo tendrá agua en abundancia (Is 30, 25; 35, 4-7; 41, 15-18; 43, 20; Sal 36, 10).

Finalmente: la presencia de Moisés que golpea la roca con su bastón es un artificio literario que hace recordar la rabdomancia, es decir, la acción mágica que se hace mediante trocitos de madera o bastones. La narración es posterior al hecho y está ya interpretada: Dios siempre está atento del pueblo mediante Moisés. Lo más importante en el texto no es la acción de Moisés, sino la acción de Dios que está siempre delante de su pueblo (v 6)[53].

### d) La batalla contra Amalec (Ex 17, 8-16)

El carácter "milagroso" de este relato aparece en las actitudes de Moisés sobre la colina: cuando mantiene levantadas las manos, el pueblo vencía; cuando bajaba las manos, el pueblo perdía la batalla.

Obsérvese que el relato no dice que haya sido Dios quien haya mandado a Moisés que actuara de esta manera; tampoco dice que Moisés estuviera rezando con los brazos abiertos —como se dice ordinariamente—; tampoco se describe ninguna batalla. Estas observaciones nos permiten concluir que la intención del autor es otra. El quiere transmitir algunas ideas fundamentales para la historia y la fe del pueblo hebreo, mediante esta narración estilizada.

Ante todo, el texto indica que Amalec y su pueblo fueron siempre enemigos del pueblo de Dios y que su antipatía y hostilidad contra él son antiguas. Luego, quiere enfatizar la autoridad de Moisés: incluso ante la rebeldía de su pueblo no perdió el liderazgo y el control de la situación. No perdió el *bastón de mando*.

El bastón o vara de Dios está siempre en las manos de Moisés cuando toma alguna actitud o realiza alguna hazaña importante en favor del pueblo (Ex 7, 9-12; 7, 14-20; 17, 5; Nm 20, 8-9).

53. Cf *Auzou*, G. *Op. cit.*, pp 196-197

El bastón tiene dos significados en el texto: uno concreto, es decir, es el bastón de pastor que él tenía y del que no se desprendió cuando pasó a dirigir al pueblo; otro simbólico, es decir, es el bastón signo de su autoridad de conductor del pueblo. Al comienzo, el bastón fue empleado por Moisés a la manera de la vara de los magos de Egipto con ocasión de las plagas. El texto de las plagas (Ex 7-8) conserva el recuerdo de un Moisés mago que emplea el bastón para producir un encantamiento (*rabdomancia*); el arte mágico era una disciplina en la formación de los egipcios. Luego, el bastón es empleado como signo de autoridad (17, 8-12).

Para el israelita el bastón de Moisés tenía un significado que sobrepasaba lo concreto: era el signo de su autoridad y de su investidura como representante de Dios para conducir al pueblo; era el "bastón de Dios" (Ex 4, 20; 17, 9).

El texto de Ex 17, 8-12 indica un dato teológico: siempre que el pueblo estaba con Dios y le era fiel (Ex 15, 16) no lo alcanzaba ningún mal; vencía siempre a sus enemigos. Para esto debía obedecer la voz de Moisés y aceptar su mando, pues él dirigía al pueblo en nombre de Dios. Pero siempre que se olvidaba de Dios y rechazaba a su representante (Moisés) se volvía un pueblo desunido, rebelde y vencido. Mientras la autoridad de Dios fuera acogida y preservada, el pueblo vencería; pero cuando fuera rechazada y olvidada, sería un pueblo vencido[53a].

### e) Los 40 años de marcha por el desierto

El itinerario de la marcha del pueblo por el desierto no es fácil de reconstruir. Los datos geográficos suministrados por los textos no son ciertamente originales. Ofrecen informaciones contradictorias. De manera que actualmente se reconstruyen hasta tres itinerarios diferentes para dicha marcha. Esta travesía del desierto hasta llegar al valle del Jordán se describe en Ex 15, 22-19, 2; Nm 10, 11-14, 45; 20, 1-22, 1; Dt 1-3; Nm 33, 1-49.

El libro de los Números informa que el tiempo de la marcha fue de 40 años (Nm 14, 32-34). Pero las indicaciones histórico-geográficas que este libro nos ofrece en otros lugares contradicen la indicación de una marcha de 40 años. Muchas son las explica-

---

53a. Cf *Auzou*. G. *Op. cit.*, pp 116-117.

ciones y las teorías de los estudiosos, dado que los textos permiten casi todas las hipótesis[54].

En síntesis se puede afirmar que el dato tradicional de la literatura religiosa hebrea es el de que el pueblo de Dios marchó durante 40 años por el desierto hasta llegar a la tierra prometida (Am 2, 10; 5, 25; Ex 16, 35; Nm 14, 33).

Sin embargo, esas indicaciones bíblicas no pueden ser tomadas al pie de la letra. Más arriba se ha dicho que no es posible reconstruir el itinerario del éxodo con exactitud, partiendo de las indicaciones que ofrece la misma Sagrada Escritura. Esto permite suponer que la especificación "cuarenta años" sea simbólica. El número cuarenta, en la numerología hebrea, significa la duración de una generación o un largo período cuya duración no puede ser precisada. La Biblia ofrece múltiples ejemplos:

— la lluvia que causó el diluvio duró 40 días y 40 noches (Gn 7, 12. 17), o sea: llovió durante mucho tiempo;
— Issaac se casó a los 40 años (Gn 25, 20) es decir ya bastante maduro;
— la tierra descansó durante 40 días (Jc 5, 32; 8, 28), es decir, por mucho tiempo;
— Moisés ayunó durante 40 días y 40 noches sobre el monte Sinaí (Ex 24, 18); es decir, hizo un ayuno largo y absoluto;
— la exploración de la tierra que iba a ser conquistada por los judíos duró 40 días (Nm 13, 25; 14, 34), o sea, llevó tiempo;
— el viaje de Elías al monte Horeb duró 40 días y 40 noches (1R 19, 8) es decir, fue bastante largo;
— Jonás predicó en Nínive durante 40 días (Jon 3, 4);
— Jesús ayunó 40 días y 40 noches en el desierto (Mt 4, 2) y se apareció a los discípulos y permaneció con ellos 40 días (Hch 1, 3).

Y muchos otros ejemplos más.

Estos ejemplos no especifican un tiempo cronológico, sino un espacio de tiempo más o menos largo. El número 40 es, por lo tanto, en estos pasajes, un número simbólico. En el caso que ana-

---

54. Cf. *Van den Born*, A. *Op. cit.*, Art. *"Travesia do deserto"*, col 374.

lizamos, significa que la marcha del pueblo desde la salida de Egipto hasta la llegada a las márgenes del río Jordán fue muy larga, llevó mucho tiempo. El problema de la reconstrucción del itinerario partiendo de los textos bíblicos y de otros queda sin resolver. ¡Si es que vale la pena y tiene algún valor!

No obstante, la marcha por el desierto se volvió un punto referencial de la teología bíblica. El pueblo de Dios es un pueblo en camino de salvación. La salvación tiene su inicio en la liberación del hombre de toda especie de esclavitud. Va realizándose en el hoy de la historia, que es el desierto lleno de peligros, de conquistas y derrotas, en una tensión constante. La salvación no se construyó pacífica y tranquilamente. Es una opción que exige del hombre renuncia y valor, avances y retrocesos. En esa marcha, Dios se revela con señales y portentos como se reveló al pueblo en el desierto.

El desierto es el tiempo de la crisis, de la opción, pues es el lugar donde Dios se revela. Los profetas tienen, por eso, una cierta preferencia por el tema del desierto. Oseas ve en el desierto el tiempo del primer amor cuando Israel, esposa de Yavé, correspondía al amor de Dios (Os 2, 17; 11, 1; 13, 4). Cuando Israel prevaricó, Yavé lo condujo al desierto en donde se purificaría y se convertiría (2, 16-17;12, 10). También Jeremías recurre al tema del desierto como referencia teológica en sus predicaciones (Jr 2, 2ss). Isaías, igualmente, utiliza dicho tema (Is 63, 11-13).

Fuera de los profetas, el tema del desierto está presente en los salmos (Sal 77, 20ss; 78, 52ss; 105, 38-41, etc.).

En síntesis: los 40 años de la marcha por el desierto constituyen un signo de la Iglesia peregrina, tiempo importante en la historia de salvación. Es el espacio en el que esta historia de salvación se articula históricamente. En el proceso de salvación-revelación el hombre actual, con el hombre bíblico, se rebela, se amarga y deja de ver con frecuencia la "mano poderosa de Yavé" que se revela en la cotidianeidad de su historia.

# 43

## La Biblia dice que Moisés hizo una serpiente de bronce que curaba al pueblo. ¿Es verdad o es un modo de hablar?

El libro de los Números relata así el episodio:

> "Partieron de Hor de la Montaña, camino del mar Rojo, rodeando la tierra de Edom. El pueblo se impacientó por el camino. Y habló el pueblo contra Dios y contra Moisés: '¿Por qué nos han subido de Egipto para morir en el desierto? Pues no tenemos ni pan ni agua y estamos cansados de ese manjar miserable'. Envió entonces Yavé contra el pueblo serpientes abrasadoras que mordían al pueblo, y murió mucha gente de Israel. El pueblo fue a decirle a Moisés: 'Hemos pecado por haber hablado contra Yavé y contra ti. Intercede ante Yavé para que aparte de nosotros las serpientes. Moisés intercedió por el pueblo'. Y Yavé le dijo a Moisés: 'Hazte un Abrasador y ponlo sobre un mástil. Todo el que haya sido mordido y lo mire, vivirá'. Hizo Moisés una serpiente de bronce y la puso en un mástil. Y si una serpiente mordía a un hombre y éste miraba a la serpiente de bronce, quedaba con vida" (Nm 21, 4-9).

Este hecho se recuerda también en Dt 8, 15. También aquí no podemos dejar de indicar que la narración no es histórica en el sentido en el que nosotros la entendemos. Es histórica en el sentido de que transmite información sobre un hecho extraordinario acontecido en el desierto y que tal hecho estaba ligado, de una parte, a la poderosa ayuda de Dios y de otra, a la falta de confianza del pueblo. En otras palabras: la narración habla de la crisis en la marcha.

Detrás de este hecho hay toda una historia cultural que lo explica y le da sentido. Y en el centro de esa historia está la figura de la serpiente.

La serpiente desempeñaba un papel importante en la cultura del Oriente antiguo. Lo sabemos por los documentos antiguos, la lite-ratura que nos ha llegado y por los descubrimientos arqueológico-bíblicos.

La serpiente desempeñaba una función destacada en la mitología y en el folclor de la antigüedad. Los antiguos creían que la serpiente era el símbolo de la vida y de la muerte. Creencia que se conserva hasta hoy. Por ejemplo, el símbolo de la medicina y de la farmacia es una cobra enredada en una varilla: antiguo símbolo de vida. La serpiente era considerada como una divinidad dadora de vida. Esta idea estaba difundida entre los sumerios, mesopotamios, judíos y aun entre los romanos.

Considerada como símbolo de vida y de muerte, la serpiente aparece muy frecuentemente en la literatura sagrada de los pueblos antiguos. En la Biblia aparece varias veces y casi siempre asociada con ese binomio: vida-muerte. En Gn 3 la serpiente es la responsable de la expulsión del hombre del paraíso y de la muerte que por ella entró en el mundo. El Apocalipsis afirma que la antigua serpiente sedujo al hombre (Ap 12, 9; 20, 2). El Exodo relata el episodio del bastón de Moisés que se transforma en serpiente y trae las palabras de Yavé: *"Esto para que crean que se te ha aparecido Yavé, el Dios de tus padres, el Dios de Abrahán, el Dios de Isaac y el Dios de Jacob"* (Ex 4, 3-5). Ahí tenemos el binomio: serpiente=muerte/Yavé=vida. Isaías se refiere a la serpiente como un castigo para los filisteos (Is 14, 29); el libro de los Números relata el episodio en el que la figura de la serpiente está unida a la conservación de la vida (Nm 21, 4-9).

Además de todos estos casos citados, la Biblia hace muchas otras referencias a la serpiente: los Salmos, por ejemplo, aluden a su veneno como transmisor de muerte (Sal 58, 5) y a su lengua, que según los antiguos, es peligrosa y venenosa (Sal 140, 4); el Deuteronomio dice que su veneno es un castigo (Dt 32, 24); el libro de la Sabiduría dice que el silbido de la serpiente es peligrosa (Sb 17, 9); y en la Biblia se dice que ella se esconde porque es traicionera (Am 5, 19; Qo 10, 8).

En el campo extrabíblico del Antiguo Oriente, se conoce la figura de la serpiente que le roba la planta de la vida al héroe Gilgames (=corresponde a Gn 3 en donde la serpiente les roba la vida divina a Adán y a Eva); también aparece la serpiente como monstruo marino llamado Leviatán. La Biblia se hace eco de esa creencia (Sal 74, 13-14; Jb 3, 8; Is 27, 1).

El temor que experimenta el hombre ante la serpiente lo llevó a adorarla, transformando así el temor en sumisión con el fin de escapar al peligro que representaba. Así aparecen en el Oriente Antiguo los diversos cultos sagrados dirigidos a la serpiente, como diosa de la vida y de la muerte y en ocasiones también como símbolo fálico de la transmisión de la vida, como en Canaán.

El encantamiento de las serpientes, tan común en el Oriente, debe ser visto, tal vez, bajo el prisma cúltico: como tentativa de dominio del hombre sobre lo que lo atemoriza. La Biblia también habla de los encantadores de serpientes (Sal 58, 5-6; Jr 8, 17; Qo 10, 11; Si 12, 13; St 3, 7).

La serpiente era considerada igualmente en Grecia, Egipto, Babilonia y Canaán como una divinidad. ¡Divinidad ligada a la vida!

En este contexto se ubica el relato de Nm 21, 4-9.

Entre los sumerios se conocía la figura de la serpiente enrollada en una varilla como señal de vida. Este símbolo persiste aún en la medicina y la farmacología.

El relato del libro de los Números se considera como un relato etiológico, como muchos otros en la Biblia. Se elaboró para explicar algo que nadie antes había explicado: el hecho tradicionalmente transmitido de que en la marcha por el desierto hubo peligro de serpientes, que hubo muchas muertes ocasionadas por sus mordeduras, que hubo murmuraciones del pueblo contra Moisés a causa de las muchas dificultades encontradas en la marcha, se sabía, finalmente, que ante los peligros el pueblo pediría ayuda a Dios.

Mucho después el redactor del texto elabora un relato para explicar todo eso, empleando el conocido símbolo de la serpiente, diosa de la vida. Pero el autor afirma que la vida fue conservada no por la serpiente, diosa de la vida, sino por Yavé que es el Dios de la vida por petición de Moisés. La mordedura de las serpientes fue el castigo para los que se rebelaron. Y Dios Yavé conservó la vida de todos lo que la pedían y no la serpiente.

Con este relato, el redactor sacerdotal del libro de los Números explica la causa de las muertes en el desierto por las mordeduras de las serpientes; al mismo tiempo desmitifica la divinidad pagana poniendo el origen del mantenimiento de la vida del hombre en Yavé, Dios de la vida (Ex 3, 13-14). El texto quiere decir que todo aquel que vuelva su mirada hacia Yavé será salvo, será curado (Is 45, 22; 49, 25; Jr 17, 14).

El relato puede considerarse también con un transfondo folclórico, es decir, como referencia a la costumbre popular oriental que usaba figuras de serpientes de bronce como un amuleto contra las mordeduras de las mismas. Igual que hoy se usan las medallitas de san Benito contra las mordeduras de serpiente. El relato bíblico es, pues, simbólico y quiere traducir una realidad. Así lo entendió Jesús: *"Y como Moisés levantó la serpiente en el desierto, así tiene que ser levantado el Hijo del hombre, para que todo el que crea tenga por él vida eterna"* (Jn 3, 14-15).

También en el NT aparece con frecuencia el tema de la serpiente: Mt 7, 10; 10, 16; 23, 33; Mc 11, 18; Lc 10, 19; 11, 11; Jn 3, 14-15; Ap 9, 19; 12, 9. 14. 15; 20, 2, etc.

# 44

## ¿Si Dios en la Biblia prohíbe hacer imágenes, por qué la Iglesia católica aprueba, utiliza y hasta promueve su culto?

Algunas sectas de origen protestante acostumbran a decir que los católicos adoran imágenes. Y quieren convencer a todo el mundo de que esto es pura verdad.

Evidentemente, tal afirmación no tiene ningún fundamento y ni siquiera merece ser considerada, ya que es absurda y no resiste al menor análisis histórico-teológico. Quien adorara una imagen o una estatua cometería una gran tontería. Y el católico que actuara de esta manera sería digno de compasión y hasta de tratamiento siquiátrico.

Sin embargo, este tipo de "problema bíblico" no proviene de las grandes confesiones protestantes. El protestantismo histórico tiene una teología seria, gran sentido ecuménico y está abierto a la colaboración científico-teológica con la Iglesia católica.

De hecho, Dios en la Biblia prohíbe hacer imágenes para adorarlas. El libro del Exodo dice:

"No te harás escultura ni imagen alguna ni de lo que hay arriba en los cielos, ni de lo que hay abajo en la tierra, ni de lo que hay en las aguas debajo de la tierra. No te postrarás ante ellas ni les darás culto, porque yo Yavé, tu Dios, soy un Dios celoso...".

Lo mismo repite el Deuteronomio:

"No te harás escultura ni imagen alguna... No te postrarás ante ellas ni les darás culto..." (Dt 5, 8a. 9a.).

Hay decenas de textos, vigorosos y vehementes contra los ídolos y la idolatría:

Los idolos 'son como espantajos de pepinar que ni hablan. Tienen que ser transportados porque no andan. No les tengan miedo, porque no hacen ni bien ni mal' (Jr 10, 5).
"Todos a la par son estúpidos y necios... plata laminada importada de Tarsis y oro de Ofir..." (Jr 5, 9).
"¡Se han hecho imágenes fundidas con su plata, ídolos de su invención, obra de artesanos, todo ello!" (Os 13, 2).
"El fundidor funde la estatua, el orfebre la recubre con oro y funde cadenas de plata... El uno ayuda al otro y dice a su colega: 'Animo'; el fundidor anima al orfebre, el que le pule el martillo al que forja en el yunque diciendo de la soldadura: 'Está bien'. Y fija al ídolo con clavos para que no se mueva" (Is 40, 19 y 41, 7).

Y la célebre sátira de Isaías contra los ídolos, las imágenes y los idólatras:

"El forjador trabaja con los brazos, configura a golpe de martillo, ejecuta su obra a fuerza de brazo; pasa hambre y se extenúa; no bebe agua y queda agotado. El escultor tallista toma la medida, hace un diseño a lápiz, trabaja con la gubia, diseña a compás de puntos y le da figura varonil y belleza humana para que habite en un templo. Taló un cedro para sí, o tomó un roble o una encina y los dejó hacerse grandes entre los árboles del bosque; o plantó un cedro que la lluvia hizo crecer. Sirven ellos para que la gente haga fuego. Echan mano de ellos para calentarse. Encienden lumbre para cocer pan. Hacen un dios y lo adoran, un ídolo para inclinarse ante él. Quema uno la mitad y sobre las brasas asa carne y come el asado hasta hartarse. También se calienta y dice: '¡Ah! ¡me caliento mientras contemplo el resplandor!'. Y con el resto hace su dios, su ídolo, ante el que se inclina, lo adora y le suplica diciendo: 'Sálvame, pues tú eres mi dios' (Is 44, 12-17).

Y hay muchos otros textos contra los ídolos y la idolatría (Ez 18, 15; 20, 7; 23, 7; Ha 2, 18-19; Hch 15, 20, etc.). Los citados arriba son los más frecuentados por las sectas contra la "adoración de las imágenes" por los católicos.

En estos textos y en otros, que se han indicado, el énfasis está en la condenación por parte de Dios de las imágenes que se hacen para *ser adoradas*. Pues así se convierten en ídolos. Y el ídolo no es nada, dice Isaías (Is 41, 19), por eso adorarlo es atentar contra el único Dios (Ex 20, 5b).

Excluida, sin embargo, la intención de adorarla, las imágenes son indiferentes; son sugestivas en especial en el campo del arte, de la decoración, de la pintura. La misma Biblia habla del uso de imágenes para la decoración. No las condena, en absoluto. Ellas están presentes en el templo (1R 6, 29) incluso en el corazón del templo, en el lugar más sagrado el "Santo de los santos" (1R 6, 23-28; Ex 26, 31-33). Los judíos empleaban imágenes como señales de la presencia de Dios, mediante las cuales Dios les hablaba (Ex 25, 18-22). En resumen estos textos dicen:

"Hizo en el Debir dos querubines de madera de acebuche de diez codos de altura... Esculpió todo entorno a los muros de la Casa con grabados de escultura de querubines..." (1R 6, 23. 29).

"Harás además dos querubines de oro macizo, de dos codos y medio de largo y codo y medio de ancho; los harás en los dos extremos del propiciatorio... Allí me encontraré contigo, desde encima del propiciatorio, de en medio de los querubines colocados sobre el arca del Testimonio, te comunicaré todo lo que haya de ordenarte para los israelitas" (Ex 25, 18. 22).

El pueblo de Israel aceptaba tan normalmente que Dios hablara mediante los querubines, que hasta había un refrán que decía: "Dios está sentado entre los querubines" (1S 4, 4; 2S 6, 2; Sal 98, 1, etc.). Y estos querubines, estas pinturas fueron hechas por orden de Yavé. Yavé mismo dio los pormenores para la construcción del templo, según lo narra 2S 7, 12-13; 1Cro 22, 8-10; 1R 6, 11-13. Y también Yavé fue el que dio el modelo para la construcción del santuario (Ex 25, 40).

Los textos bíblicos permiten decir tanto que Dios prohíbe hacer imágenes como manda hacerlas...

La intención de la Biblia no es hablar de las imágenes sino de su significado. Si la imagen conduce a la idolatría debe ser condenada y abolida; pero si es un recuerdo, un objeto de arte o de decoración es cosa indiferente.

Durante el período de la instalación en Canaán (cf libros de Jueces y Samuel) los judíos tuvieron mucha dificultad para distinguir entre el significado religioso y el artístico de una imagen, ya que convivían con pueblos idólatras. Rodeados como estaban por pueblos paganos, ellos sentían una gran atracción hacia las religiones paganas que no implicaban ningún compromiso y eran permisivas. El yavismo, religión del pueblo de Dios, era una religión exigente y radical. Era grande la tentación de irse para la religión de los vecinos. Y estas religiones tenían como símbolos varias imágenes de sus dioses. Cada imagen recordaba a una divinidad. Esto explica la posición radical de la Biblia en la prohibición de fabricación y uso de imágenes para el pueblo de Israel. Representaban un peligro de apostasía. Eran una tentación. Esto es claro en la Biblia y en la historia de las religiones. Afirmar algo distinto de lo que permite el contexto histórico es desvirtuar la palabra de Dios y adulterar la historia.

La Iglesia católica no coloca el culto de los santos por encima del culto debido a Dios (llamado culto de *latría,* es decir, de adoración). Sólo Dios debe ser adorado.

El culto de los santos es un acto público de veneración. Es memoria o recordación. El santo y la santa es un cristiano o cristiana que supo vivir su bautismo y dar testimonio de Jesucristo y del evangelio en el mundo. Algunos fueron grandes pecadores que se convirtieron radicalmente a Dios y a su prójimo. Esto los hace modelos de santidad, de vida.

Cuando la comunidad reconoce de hecho que un hermano o hermana, en fe vivió ejemplarmente su fe, su bautismo y dio testimonio con su palabra, con sus obras y hasta con su propia vida del evangelio de Jesús, la comunidad los declara santos, es decir, modelos de vida cristiana, dignos de imitación. El número de santos canonizados oficialmente es grande; pero es mayor el número de aquellos que las comunidades han declarado tales.

Todo el que vive integralmente su fe es digno de imitación, es un modelo. San Pablo lo dice en la Primera carta a los tesalonicenses: *"Ustedes hermanos aprendieron de nosotros cómo deben comportarse para agradar a Dios"* (1Ts, 4, 1). Y Pablo se presenta como modelo personal para ser imitado: *"Por lo tanto les suplico: sean imitadores míos"* (1Co 4, 16); *"Sean imitadores míos como yo lo soy de Cristo"* (1Co 11, 1); *"hermanos sean imitadores míos"* (Flp 3, 17).

La imagen del santo y de la santa es apenas una señal. Recuerda a la persona que sirvió y amó a Dios y a los hermanos. Es un signo indicativo de una gran realidad invisible: la santidad de Dios manifestada en la vida de aquel hermano o hermana. Y nosotros nos movemos en un mundo de signos, de señales; todo es simbólico. El lenguaje que usamos al escribir o al hablar es el signo de la comunicación; el círculo es signo de perfección, de homogeneidad; el punto es símbolo de la totalidad, de lo completo, etc.

Y en el campo religioso, el símbolo es constante: mitos de origen, de fin, el cielo, el centro, el árbol, la serpiente, etc. En este campo de lo simbólico se ubican las imágenes. Como signos de realidades que no vemos. Ellas funcionan entonces como sacramentales.

Esta percepción del valor simbólico se comprueba en la Iglesia pos-apostólica especialmente en los diseños de símbolos religiosos, de pinturas de santos y en las oraciones a los mártires, grabados en las catacumbas cristianas de Roma.

La Iglesia propone los santos a la veneración de la comunidad, partiendo de esta óptica histórico-sicológica-teológica. Quien hiciere del santo el punto final de su fe, sería hereje e idólatra.

No se puede negar que ha habido abusos, exageraciones y desviaciones en el culto a los santos en la Iglesia católica. Por falta de formación religiosa, tanto teológica como bíblica, muchos católicos tienen más amor, fe y confianza en "sus" santos que en Dios. No participan nunca de la eucaristía o de la comunidad; no leen la palabra de Dios... pero no dejan de hacer, infaliblemente, sus novenas y sus devociones a los santos e incluso creen en corrientes milagrosas, ¡supersticiosamente!

La Iglesia católica nunca ha enseñado o defendido tal posición o actitud. Al contrario, siempre ha censurado y condenado tal procedimiento contrario a la Biblia y a la teología.

## 45
## Muchas personas afirman que las pruebas mayores de la reencarnación están en los evangelios y que la principal es la resurrección de Jesús

Esta afirmación es equívoca y muy confusa. Se funda en la doctrina espiritista, muy difundida en muchos países de AL, especialmente en el Brasil. Una gran mayoría de católicos no tiene la suficiente formación como para diferenciar las doctrinas del cristianismo y las del espiritismo. El evangelio de Jesucristo no es lo mismo que el "evangelio según el espiritismo" de Allan Kardec, como la resurrección de Jesucristo no es lo mismo que la reencarnación espiritista. Son principios doctrinales tan opuestos como el agua y el fuego.

Debemos, sin duda alguna, respetar las convicciones religiosas de las personas; pero sólo hasta el momento en que quieran obligarnos a aceptar sus ideas y principios religiosos, opuestos a los nuestros.

Ya se ha discutido mucho sobre la reencarnación y la resurrección. Se ha escrito poco sobre esto. No vamos a discutir ese tema. Daremos algunas indicaciones teológico-bíblicas que sirvan para situar el problema y también para iluminar a las personas que estén interesadas en el tema.

En esta explicación utilizaremos las siglas L. E. y E. S. E. para designar los libros y doctrinas espiritistas: *El libro de los espíritus*

(L. E.) y *El evangelio según el espiritismo* (E. S. E.), los dos de Allan Kardec.

### 1. ¿Qué es la reencarnación según el espiritismo?

La reencarnación, según el espiritismo, es el retorno del espíritu a un nuevo cuerpo después de la muerte. El espíritu asume nuevamente la carne, un cuerpo nuevo; es decir el espíritu de una persona fallecida se *reencarna* en otro cuerpo.

El alma o espíritu puede reencarnarse inmediatamente después de la separación del cuerpo o puede demorarse algunas horas, incluso miles de años o millones de siglos para reencarnarse, dice Allan Kardec (L. E., p 131). Durante este período de "espera" para la nueva encarnación, según Allan Kardec, el espíritu vaga como sonámbulo lúcido por mundos especiales en los cuales puede habitar temporalmente; estos mundos son una especie de campamento o casa de campo o islas de reposo (L. E., p 134). Los espíritus sin cuerpo vagan por ahí, errantes. Este vagabundeo es llamado "principio de errancia" por el espiritismo.

Luego de un cierto tiempo y de un cierto progreso en esos mundos especiales y temporales, el espíritu se reencarna.

¿Y por qué debe reencarnarse?

Según el espiritismo, el alma debe reencarnarse para purificarse, ya que en la primera vida o en las vidas anteriores no logró hacerlo. La reencarnación tiene la función de expiar las culpas cometidas en la vida anterior y perfeccionar el espíritu. El espíritu da un paso en el camino del progreso en cada nueva existencia. Y cuando, mediante las sucesivas reencarnaciones, se purifique definitivamente, se vuelve "espíritu puro" bienaventurado (L. E., pp 104-105).

El espiritismo fundamenta la necesidad de la reencarnación en la justicia de Dios: "Todos los espíritus tienden a la perfección y Dios les ofrece los medios por las pruebas de la vida corporal; en su justicia, les da la oportunidad de realizar en nuevas existencias aquello que no pudieron realizar o concluir en la primera prueba (L. E., p 105).

La *finalidad* de la reencarnación, según el espiritismo, es la purificación de la persona; la *necesidad* de la reencarnación es exigida por la justicia de Dios que desea que todos los hombres se salven y por eso les da muchas oportunidades dándoles vidas sucesivas. El *motivo* de la reencarnación es el hecho de que los hombres tienen diferentes suertes en el mundo: unos nacen ricos, otros pobres, unos saludables, otros enfermizos; unos buenos, otros malos... Dios no pudo haber establecido estas diferencias entre los hombres; sería una gran injusticia suya. Las diferencias entre las personas se explican porque los espíritus, al comienzo todos iguales, se diferenciaron unos de otros por su libre arbitrio en reencarnaciones sucesivas. El mal que una persona hace en esta vida es una deuda que tiene que pagar; y la paga o aquí en esta vida o en otras vidas sucesivas. Esto explica la existencia de personas defectuosas, enfermas, ciegas, paralíticas, en este mundo; también por eso hay personas buenas, y caritativas. Estas están en la última etapa de la purificación.

Según la doctrina espiritista, de la reencarnación, hay una ley inexorable que exige el castigo de todo lo malo que el hombre haga en este mundo. Es la ley similar a la del *karma* entre los budistas e hinduistas[55]. Al reencarnarse el espíritu limpia su *karma*, es decir, mejora su destino, su suerte.

*2. Algunos textos bíblicos que los espiritistas citan como pruebas de la reencarnación.*

a) El primer texto es Mt 11, 14:

"Y si quieren admitirlo, él es Elías, el que iba a venir".

Para Allen Kardec este pasaje de Mateo es una prueba inequívoca de la reencarnación; es el testimonio del propio Jesús: ¡Juan era Elías reencarnado! (E. S. E., p 62).

55. *Karma* es una palabra que viene del sánscrito, lengua literaria y sagrada de los antiguos hindúes que significa acción, suerte. La ley del karma es un principio de causa y efecto; si hay un dolor, detrás de él hay algún mal; si hay alegría, se da el bien. Para que el hombre sea feliz, debe purificarse de todos los males, purificar su karma, su destino.

Esto, sin embargo, no es verdad. El mismo Juan Bautista negó que fuera Elías:

> "Y éste fue el testimonio de Juan, cuando los judíos enviaron donde él, desde Jerusalén, sacerdotes y levitas a preguntarle: '¿Quién eres tú?' El confesó y no negó; confesó: 'Yo no soy el Cristo'. Y le preguntaron: '¿Qué, pues, eres tú Elías?' El dijo: 'No lo soy'. ¿'Eres tú el profeta?'. Respondió: 'No'. Entonces le dijeron: ¿Quién eres pues para que demos respuesta a los que nos han enviado? '¿Qué dices de ti mismo?' El dijo: 'Yo soy voz que clama en el desierto: rectificad el camino del Señor, como dijo el profeta Isaías'" (Jn 1, 19-23).

La interpretación del pasaje por los espiritistas que identifican a Juan Bautista con Elías reencarnado es muy arbitraria y sin seriedad, ya que el mismo Juan negó que fuera Elías, como lo hace ver el texto citado inmediatamente antes. Además, dicha interpretación no tiene en cuenta el principio exegético que pide que cada texto bíblico se interprete dentro de su contexto. Y tanto el texto como el contexto impiden dicha interpretación. El texto cita las palabras propias de Juan (Jn 1, 19-23); y el contexto que habla de la figura de un Elías que vendrá aparece en un pasaje del profeta Malaquías que dice:

> "He aquí que yo les envío al profeta Elías antes que llegue el Día de Yavé, grande y terrible" (3, 23).

El profeta Malaquías había anunciado el envío de dicho mensajero (Ml 3, 1). Dada la situación religiosa de su pueblo, vio la necesidad de la restauración, que debería ser hecha por el mesías. Por eso, en sus oráculos proféticos, anunció esperanzado la venida del mesías y de su precursor, tras poco tiempo.

La venida de Elías como precursor del mesías era una creencia de la religiosidad popular judía. Este Elías era considerado como el gran defensor del yavhismo y enemigo de la idolatría. Su grandeza moral estaba fuera de duda. Por esto tuvo siempre gran prestigio en la religiosidad hebrea. Estos datos dieron origen a la creencia de que él volvería en los tiempos mesiánicos para preparar el "Día del Señor" o el "Día de Yavé". Este Día de Yavé sería el momento en el que Dios se manifestaría con todo su esplendor y poder; derrotaría a todos los enemigos de Israel y restablecería la supremacía de su pueblo. Esa es la idea de la venida de un mesías guerrero y político, liberador de la nación. El profeta Elías, por su grandeza moral y su autoridad, vendría antes que el mesías para ordenar a la comunidad de Israel. En primer lugar restablecería las doce tribus (cf Eclo 48, 10) y luego reunificaría a todo el pueblo.

Malaquías es el último de los profetas clásicos.

Cuando los evangelistas escribieron los evangelios, retomaron la tradición y la creencia popular sobre Elías-precursor y las aplicaron a Juan el bautista, que era de hecho el heraldo del mesías, el precursor (Mt 11, 10; Lc 7, 27; Mc 1, 2).

Jesús se refirió a dicha tradición. Sus palabras *"Juan es Elías que debía venir"* no se refieren en absoluto a una reencarnación de Elías, sino que afirman simplemente que Juan por su temperamento fuerte y audaz reproducía el papel de Elías[56].

b) Otro texto citado es Jn 3, 3:

"Jesús respondió: 'En verdad en verdad, te digo: el que no nace de lo alto no puede ver el reino de Dios'".

Según la interpretación espiritista de este pasaje, la prueba de que Jesús creía en la reencarnación está en estas palabras y que Allan Kardec traduce así: "Nadie puede ver el reino de Dios si no nace de *nuevo*" y "... No se asusten porque les haya dicho que es *necesario* que nazcan de nuevo". (Jn 3, 3. 7) (E. S. E. pp 59-60).

Y Allan Kardec añade: "Si esta creencia (la reencarnación) fuera errónea, Jesús no habría dejado de combatirla como combatió tantas otras; pero no sólo no lo hizo sino que avaló con su autoridad esta creencia y la consideró como una condición necesaria" (E., S. E. p 60).

56. Cf *"Pergunte e responderemos"*. 526 (1981), p 170.

Tanto la traducción como la explicación del pasaje que hace Allan Kardec están equivocadas. *Primero*: Jesús no dijo, según el texto bíblico, "nacer de nuevo" sino "nacer de lo alto". La palabra griega *anothen* es un adverbio que significa "del cielo, de lo alto, de encima", lo que está en contraposición con lo terreno. No significa "de nuevo".

"Nacer de lo alto" corresponde en el texto de Juan a "nacer del *Espíritu*" mediante el agua (v 5). Lo demuestra el análisis estructural del texto. No es "nacer de nuevo", menos reencarnarse.

Si Allan Kardec tiene el derecho de interpretar el texto negándole el carácter teológico-bautismal (E. S. E., p 60) no tiene, sin embargo, el derecho de desvirtuar el sentido de las palabras originales, menos aún de manipularlas para afirmar que el texto habla de la reencarnación. Esto no lo permite el análisis exegético, ni el filológico ni el estructural.

*En segundo lugar*: el propio Nicodemo desmiente que las palabras de Jesús se refieran al nuevo nacimiento carnal (reencarnación). Le preguntó a Jesús: "... ¿Cómo puede nacer de nuevo un hombre siendo ya viejo? Acaso puede entrar de nuevo en el seno de su madre y nacer?" (Jn 3, 4). ¡Jesús no lo corrige diciéndole que no se trata de volver al seno materno sino de morir precisamente y de un día volver a reencarnarse! Todo lo contrario. Jesús le dijo: "Lo que nace de la carne es carne; lo que nace del Espíritu es espíritu" (Jn 3, 6). Sus palabras, su enseñanza, se refieren entonces al nacimiento espiritual, a la regeneración para una nueva vida por el Espíritu y no para un nuevo nacimiento carnal. La vida nueva a la que Jesús se refirió no es la vida física. Esto se lo dijo claramente a Nicodemo. Se trata de la vida espiritual. Todo el texto y el contexto llevan a esta conclusión. Salirse de esta interpretación es forzar y adulterar la intención de Jesús, del autor, de la gramática y de la exégesis.

c) El tercer texto es Jn 9, 1-3:

"Vio al pasar a un hombre ciego de nacimiento. Y sus discípulos le preguntaron: ¡Rabbí, ¿quién pecó, él o sus padres, para que haya

136

nacido ciego?' Jesús respondió: 'Ni él pecó, ni sus padres; es para que se manifiesten en él las obras de Dios'".

La pregunta que los discípulos hacen a Jesús puede dar la impresión de que el texto sí sirve de fundamento a la afirmación espiritista de que ¡los males y los dolores que sufre una persona en este mundo son castigos merecidos por los pecados cometidos en vidas anteriores!

Los espiritistas citan este texto como prueba de que también los judíos creían en la reencarnación.

La interpretación que hacen los espiritistas de los textos citados hasta el momento es una interpretación fundamentalista, que toma los textos al pie de la letra y que se apoya en una traducción que es ya tendenciosa. No tiene en cuenta ni el texto del libro, ni el contexto más amplio de toda la Escritura, ni la mentalidad religiosa del pueblo judío. Ya lo dijimos.

El texto que hemos citado es uno de los que interpretan como supuesta prueba de la creencia judía en la reencarnación. Allan Kardec lo dijo claramente (E. S. E., p 63).

Sin embargo, los judíos no creían en la reencarnación. La pregunta que los discípulos hacen a Jesús representa una mentalidad: los judíos juzgaban, según su concepción corporativista, que una persona debía pagar por otra por un mal que había hecho. Las consecuencias de ese mal eran asumidas por algún miembro del grupo. Esta mentalidad excluía la responsabilidad personal. En el AT fue ya combatida. Ezequiel la condenó duramente, diciendo que cada uno es responsable del mal que hace (Ez 18). Jeremías también rechazó esta manera de actuar y de pensar (Jr 31, 29ss).

En el caso del ciego, Jesús desmiente categóricamente la afirmación de que los judíos crean en la reencarnación, como también que el ciego o sus padres hubieran pecado: *"Ni él ni sus padres (pecaron); es para que se manifiesten en él las obras de Dios"* (Jn 9, 3).

No se puede aceptar una interpretación que el texto no autoriza y que ni siquiera implícitamente supone.

d) Los espiritistas citan aún otros dos textos sobre el tema: Is 26, 19 y Jb 14, 10. 14. Allan Kardec hace el malabarismo exegético de intentar probar con ellos una supuesta creencia judía en la reencarnación.

El texto de Isaías es así:

"Tus muertos revivirán, resurgirán sus cadáveres; los moradores del polvo despertarán y darán gritos de júbilo; pues tu rocío luminoso y la tierra echará de su seno las sombras".

Allan Kardec traduce también este pasaje a su manera y lo interpreta diciendo que la expresión "tus muertos revivirán" es una prueba de la reencarnación.

No obstante, la exégesis bíblica afirma que el texto trata de la *resurrección nacional*, es decir que profetiza que los enemigos del pueblo de Dios serán vencidos y aniquilados un día y que el pueblo de Dios crecerá. Este mismo pueblo, un día, será reducido a un pequeño resto, dice el profeta (el famoso "Resto de Israel" de los profetas: Jr 40, 11. 15; 42, 19; Ez 6, 8; 11, 13 etc..). Finalmente, la nación resurgirá fuerte y numerosa[57].

El texto, pues, no tiene nada que ver con la reencarnación.

El texto de Job dice:

"Pero el hombre que muere queda inerte. Cuando un humano expira ¿dónde está?" (14, 10) y "Pues muerto el hombre, ¿puede revivir? Yo esperaría todos los días de mi milicia hasta que llegara mi relevo" (14, 14).

La interpretación de Allan Kardec a este texto se basa en una traducción libre que hizo la Iglesia griega y que dice: "Aunque el hombre muera, vive siempre; al terminarse los días de mi existencia terrestre, esperaría porque a ella volverá nuevamente" (E. S. E., p 63).

Esta traducción se aleja grandemente del texto original, como puede verse. Partiendo de ella, Allan Kardec concluye:"Yo espe-

57. Cf. Schöekel, A. A.-Sicre Díaz, J. L. *Profetas I* São Paulo: Ediciones San Pablo, 1989.

raría" parece aplicarse a la nueva existencia: "Cuando se terminen los días de mi existencia terrestre, yo esperaría porque a ella volveré" (*Ibid*.).

El texto original (v 14) dice lo contrario: "Pues muerto el hombre, ¿puede revivir?".

La pregunta se encuentra dentro del contexto temático del libro de Job —libro sapiencial que discute el problema del dolor, del sufrimiento del justo, de la justicia de Dios—. El texto citado aquí constituye una de las primeras señales de esperanza del hombre en una resurrección futura, en el AT. Job, en este texto, confirma la creencia de todo el AT según la cual todo el que muere va al sheol, "lugar" que queda abajo en el mundo subterráneo, que servía de habitación a los muertos. En el sheol no había vida plena, sino una sub-vida; era una región oscura y no había esperanza de poder retornar una vez llegado a él: ¡Era el "no-mundo"! Job pone en tela de juicio esta concepción. Espera él que ese mundo inferior se acabará y que él será liberado; espera que el hombre pueda ser objeto del amor y de la misericordia de Dios y que resucite un día para vivir para siempre[58].

La visión de Job es una visión de fe y esperanza; es optimista y responsable. La interpretación espiritista extrapola el texto.

### 3. Resurrección y reencarnación

La resurrección y la reencarnación no son la misma cosa, como se dice en ciertas ocasiones. Son conceptos excluyentes y contradictorios.

La resurrección es, según la Biblia, la *plenificación total de la persona a nivel personal y a nivel eclesial-relacional*.

*Plenificación personal* significa que la persona alcanza, con la resurrección, su máxima realización; la persona que aquí iba creciendo alcanza con la resurrección, el punto más alto de su proceso evolutivo. Ese *punto máximo* es la participación en la divinidad, en

---

58. Cf *La Sagrada Escritura*. BAC, AT III, p 553.

la vida de Dios, en toda su realidad, por parte del hombre. Este se hace entonces, como dicen los teólogos, el *hombre-revelado*: lo que estaba escondido, que se esperaba, se hace máxima realidad. El es entonces la plenitud de lo que Dios quería que fuera.

Plenificación *eclesial-relacional* significa que el hombre resucitado participará del reino de Dios ya consumado; participará de la Iglesia definitiva (llamada también Iglesia escatológica). Como participante del Reino, de la Iglesia definitiva, el hombre estará en relación con sus hermanos, no estará solo. Su plenificación exige la complementariedad que es el otro. Esta complementariedad se llama *comunión*.

El hombre resucita en un cuerpo nuevo ("al deshacerse esta morada terrena, adquirimos una mansión eterna en el cielo" dice el prefacio de difuntos). Como el hombre tiene y es cuerpo, necesariamente en el cielo habrá relación. La relación que nos constituye en personas, individuos y comunidad: *yo-tú-nosotros*, con Dios, con los otros y con el cosmos.

La resurrección supone que el hombre es un compuesto armonioso de cuerpo y alma; no son dos realidades diversas en el hombre, dos realidades separables. "El alma es la subjetividad del ser humano concreto, lo que incluye igualmente la dimensión del cuerpo. El cuerpo es el espíritu mismo que se realiza dentro de la materia. No es sólo un instrumento del espíritu... Es el mismo espíritu en su encarnación y expresión dentro del espacio y el tiempo materiales"[59]. *La resurrección exige, pues, la glorificación tanto del cuerpo como del espíritu. Estos constituyen la persona.* Forman una unidad óntica, indisoluble, indivisible.

La reencarnación, en cambio, es el regreso de un espíritu a un nuevo cuerpo. Supone que el cuerpo es la cárcel del alma; ésta puede desligarse de él, pasar a constituir otro individuo. Para el espiritismo, la materia es mala. Su visión antropológica es dualista: el cuerpo y el alma son separables. La reencarnación es purificación del *espíritu* en un largo proceso para alcanzar su bienaventuranza. El cuerpo queda relegado. Sin embargo, la antropología muestra que el hombre es un ser indivisible. No tiene

59. Cf. Boff, L. *A ressurreição de Cristo, A nossa ressurreição na morte*. Petrópolis: Vozes, p 85, p 974.

alma, es un alma; no tiene cuerpo, es cuerpo, como lo decía ya Bultmann. Por eso, dentro de las coordenadas bíblicas y teológicas, la reencarnación es imposible. El "yo encarnante" anularía al encarnado o tendríamos dos personas en una sola naturaleza.

Para quien acepta la dualidad antropológica de Platón (quien enseñaba que el alma y el cuerpo son separables; el espíritu es bueno y la materia es mala), la reencarnación es posible, aunque la antropología, la razón y la fe enseñen lo contrario.

*Conclusiones*

1. La Biblia nunca habla de reencarnación. Habla de resurrección que es distinto, como ya se demostró. Por lo tanto, Allan Kardec se equivoca al decir que los judíos admitían la reencarnación con el nombre de resurrección. La resurrección implica al cuerpo, la reencarnación lo excluye. Luego no son la misma cosa.

2. Jesús nunca habló de reencarnación. La interpretación de textos bíblicos que se citaron como pruebas de la reencarnación es una interpretación arbitraria e inconsistente; se opone a las leyes de la exégesis y de la hermenéutica.

3. La antropología demuestra la imposibilidad de la reencarnación. A menos que se niegue la ciencia y se admita el absurdo antropológico de dos personas en una sola naturaleza.

4. Quien admite la reencarnación debería desentenderse de la historia del mundo para que no cometa tantos males que lo obliguen a entrar en el círculo del eterno retorno: culpa-castigo-expiación-culpa. Quien admite la reencarnación debería desear desencarnarse como la máxima aspiración con la finalidad de acelerar el proceso de su purificación. Cuanto más tiempo viva más peligro corre.

5. La reencarnación hace violencia, sin duda alguna, al principio fundamental del ser hombre que es la libertad consciente: el espíritu se reencarna para expiar culpas de las que no tiene ya el menor recuerdo. La persona es responsable de lo que hace. De esto debe responder ante los hombres y ante Dios. El hombre no puede construir la historia si no tiene libertad para actuar y si solo

vive para expiar inexorablemente culpas pasadas. Sería entonces una marioneta, un robot manipulado por Dios... Pero todos sabemos que la historia camina, avanza, progresa...

6. Si los espíritus se reencarnaran para purificarse de culpas pasadas, no podrían cometer nuevos errores. Lo cual no es posible a menos que se niegue la libertad humana o se admita un eterno reencarnarse. Si los hombres estuvieran en un proceso de purificación y no cometieran nuevos errores el mundo sería mejor. ¡Cada vez mejor!

7. Finalmente, para un creyente, para un cristiano, todo lo dicho anteriormente sobre la reencarnación sobra. Le basta la palabra de Dios simple y clara en la Biblia: *"Está establecido que el hombre muera una sola vez y luego el juicio"* (Hb 9, 27). Jesús le dijo al ladrón crucificado y arrepentido: *"Te aseguro: hoy mismo estarás conmigo en el paraíso"* (Lc 23, 43).

Tercera parte

# PREGUNTAS SOBRE
# EL NUEVO TESTAMENTO

# 46

## ¿Por qué la narración de la infancia de Jesús en el evangelio de Mateo comienza con listas de nombres?

La infancia de Jesús es narrada tanto por Mateo como por Lucas. Estos no narran, sin embargo, toda la infancia de Jesús. Escogieron lo que más les interesaba, entre lo que ellos conocían de la infancia, según la finalidad teológica de sus evangelios. Los otros dos evangelistas, Marcos y Juan, no hablan de la infancia de Jesús.

Mateo escogió episodios de la vida de Jesús distintos de los escogidos por Lucas. Por ejemplo: Mateo presenta la llamada genealogía de Jesús, narra la visita de los Magos, la huida de Jesús a Egipto, la muerte de los inocentes, el regreso a Nazaret. Lucas no habla nada de esto. En compensación cuenta otros episodios de la infancia de Jesús: la anunciación del ángel a María, la visitación de María a Isabel, la circuncisión, las profecías de Simeón y Ana sobre Jesús. Verifique, por ej: Lc 1, 5-25: el anuncio del nacimiento de Juan el bautista; 1, 26-38: anuncio del nacimiento de Jesús; 1, 39-56: visita a Isabel; 2, 21-40: circuncisión y presentación de Jesús en el templo; 2, 41-52: Jesús entre los doctores de la Ley.

Algo muy importante para ser tenido en cuenta y que tuvo mucho valor en la selección del material sobre la infancia de Jesús

145

es la finalidad teológica de Mateo cuando escribió su evangelio. Para él, Jesús es el mesías enviado por Dios, pero rechazado por sus compatriotas desde su nacimiento. Jesús es el hijo de David, el hijo de Abrahán (1, 1), el mesías esperado y enviado. Por eso su evangelio comienza con una genealogía o lista de nombres. Quiere mostrar que Jesús es descendiente de Abrahán, de David. El es, por lo tanto, el legítimo heredero de las promesas hechas por Dios.

Esta genealogía del evangelio de Mateo es artificial aunque tenga fundamentos reales, históricos. Lo que al evangelista le importaba era subrayar para su comunidad que Jesús era el mesías, el "hijo de David", aquel que había sido prometido en las Escrituras (cf 2S 7, 1-16; Ez 34; Jr 3, 3; Sal 144). Con esta óptica, construyó *tres grupos* en la genealogía y cada grupo con *14 nombres*. Esto lo obligó a omitir algunos nombres. La artificiosidad de la genealogía se advierte no sólo porque el texto mismo lo dice claramente (Mt 1, 17), sino por el nombre de David, sobre el que se articula toda la genealogía. Las consonantes hebreas que componen el nombre de David suman 14: D= 4; V=6; D=4. Démonos cuenta que 14 es un múltiplo de 7 (2x7). Siete es número de perfección, número completo, de plenitud en la simbología popular hebrea. Por eso en el AT la semana tiene 7 días (Gn 2, 2); los israelitas marchan 7 días al rededor de la ciudad de Jericó con 7 sacerdotes que tocan las trompetas (Jos 6, 15ss); el séptimo año es año sabático, etc. En el NT tenemos otros ejemplos: María Magdalena tenía 7 demonios (Lc 8, 2); los saduceos presentan a Jesús el caso de una mujer que se casó 7 veces (Mt 22, 25); los diáconos son 7 (Hch 6, 3ss); Pedro debe perdonar no solo 7 veces sino 70 veces 7 (Mt 8, 21-22); el Apocalipsis emplea mucho la simbología del número 7: hay 7 iglesias (1, 4), 7 espíritus (1, 4), 7 lámparas (4, 5), 7 sellos (5, 1), 7 ángeles (8, 2), 7 trompetas (8, 2) etc.

Los tres grupos de nombres representan, pues, en Mateo, las tres fases de la historia bíblica: *la primera*, que va desde Abrahán hasta David; *la segunda*, de David hasta el exilio (monarquía) y *la tercera*, la del post-exilio, la reconstrucción nacional.

Toda esta artificialidad numérico-simbólica tiene como objetivo el de acentuar que la *plenitud de los tiempos* ha llegado, que el tiempo de la espera mesiánica se ha acabado; ya estaba entre los hombres el mesías de Dios, el Emmanuel, el Dios-con-nosotros.

En los escritos antiguos, el recurso a la genealogía es muy común. La historiografía bíblica la emplea no sólo para establecer árboles genealógicos, sino para resumir grandes períodos de la historia (cf Gn 5; 1Cro 1-2, etc.).

Mateo emplea la genealogía no sólo para resumir los grandes períodos de la historia, sino también para mostrar con ella que Jesús es el mesías prometido, el descendiente de David que debía venir; él es el mesías encarnado en la historia, en la humanidad; es el Emmanuel, el Dios-con-nosotros despreciado por su pueblo, pero acogido por las naciones.

En esa genealogía es importante la presencia de las mujeres. Los judíos no incluían en las genealogías a las mujeres. La única excepción parece ser el caso de Judit (Jdt 8, 1-3); no obstante, en dicha genealogía sólo se nombra a los descendientes masculinos.

Mateo, al contrario, incluye en la genealogía cuatro nombres de mujeres y ninguna de ellas pertenece al pueblo hebreo. Estas son Rahab (v5), famosa prostituta de Jericó (Jos 2, 1); Rut (v5), la moabita (Rt 4, 10); la mujer de Urías (v6), Betsabé (2S 11, 3) y tal vez Tamar, (v3) hija de cananeos (Gn 38, 2. 6).

Esto subraya la intención de Mateo al componer la genealogía de Jesús: quiso asociar al mesías, que fue rechazado por su pueblo, todos los pueblos en toda clase de persona, sin hacer distinciones. El mesías vino para todos. Este es, pues, el sentido de las artificiales genealogías de Mateo.

# 47

## ¿Cuál fue la verdadera relación entre José y María? ¿Cómo explicar su virginidad, pues los evangelios dicen que Jesús tenía hermanos?

Acerca de la relación de María y José, dice el evangelio de Mateo:

> "La generación de Jesucristo fue de esta manera: su madre, María, estaba desposada con José y antes de empezar a estar juntos ellos, se encontró encinta por obra del Espíritu Santo. Su marido, José, como era justo y no quería ponerla en evidencia, resolvió repudiarla en secreto" (Mt 1, 18-19).

En seguida el evangelista habla del sueño de José (1, 20-23) y termina el capítulo así: *"Y no la conocía hasta que ella dio a luz un hijo y le puso por nombre Jesús"* (1, 25).

Hay, pues, tres datos en la relación entre María y José que se deben tener en cuenta: su noviazgo, la idea del abandono de María por José provocada por la sospecha de adulterio y el hecho de que José no haya tenido relaciones con ella "hasta que ella dio a luz un hijo".

*El noviazgo.* En hebreo se llama *kiddushim.* Era el compromiso de matrimonio hecho por los contrayentes ante dos testigos. Dicho compromiso era considerado como matrimonio legal; los novios tenían el plazo de un año para empezar a vivir juntos. Si durante el tiempo de noviazgo nacía un hijo, era considerado legítimo.

En el tiempo oportuno se hacía la gran fiesta nupcial y entonces la novia pasaba a habitar en la casa del novio. Con esta ceremonia, el matrimonio era considerado completo civilmente, constituido legalmente. Para esta celebración había un ritual público y comunitario.

*El abandono.* La idea del abandono de María por José es comprensible. Antes de que empezaran a vivir juntos, es decir, antes de la solemne ceremonia nupcial, María estaba ya embarazada. Por una parte, José consideraba a María una mujer virtuosa y pura, ya que él era hombre justo, dice el texto. Por otra, estaba la gravidez de ella y el hijo ¡no era de él! Según la ley, debía denunciarla ante la sociedad. La ley decía que si una novia quedaba embarazada por adulterio debía ser apedreada (Dt 22, 13-21). Pero José no quería acusar a María pues conocía su virtud. Ante tal *impasse*, resolvió repudiarla, dejarla, como preveía la ley, sin acusarla sin embargo, y esto la libraba de la pena de muerte. Era el mejor camino para los dos.

En ese lapso ocurrió entonces la intervención de Dios, que el evangelista describe con el género literario de los "sueños". Dios habló a José en sueños. Tal es el modo de comunicación divina en el evangelio de Mateo. También a los magos les hablará en sueños (2, 12) y aún más de una vez a José (2, 13. 19).

De hecho, el sueño era considerado en el Oriente Antiguo como medio de comunicación divina. Por ej., en Gn 15, 12 Dios se comunicó con  Abrahán mediante un sueño; en Gn 38, 5 el sueño de José es también una comunicación superior.

Según el evangelista, lo importante es esta comunicación superior, la comunicación que Dios le hace a José. Dios le revela el misterio. El entonces entiende y acepta la paternidad legal de Jesús. En la narración lo importante es la revelación y no el modo como ella se hace. Dios se comunicó con José.

La expresión "*hasta que*" . Muchos autores antiguos, y hoy también muchas personas, entendieron y entienden la expresión como un límite temporal, es decir: José no tuvo relaciones con María hasta que nació Jesús. Luego sí tuvo relaciones con ella. Y ven en la expresión "hasta que" un fuerte argumento contra la virginidad de María.

Otros autores, fundándose en el v23: "*He aquí que una virgen concebirá y dará a luz un hijo al que se le pondrá por nombre Emmanuel que quiere decir: Dios-con-nosotros*", afirman la virginidad de María.

Parece ser que la intención de Mateo no es ni lo uno ni lo otro. La virginidad de Nuestra Señora es un dato que se basa en otras fuentes bíblicas, en la tradición y en el magisterio eclesiástico. "El nuevo Testamento no conoce más hijos de María y de José, nunca en ninguna parte del NT alguien es llamado hijo de María (en sentido estricto: cf Jn 19, 25), sino sólo Jesús, nunca en ningún texto del NT se llama a María madre de alguien fuera de Jesús (cf Jn 19, 25)..."[60].

La expresión "hasta que" no significa que, después del nacimiento de Jesús, José haya tenido relaciones sexuales con María. En la lengua bíblica, la conjunción temporal (en griego: *éos ou* y en hebreo: *ad kî*) no implica necesariamente un cambio en la situación de lo que sigue después. En otros pasajes bíblicos hay ejemplos claros del uso de tal conjunción temporal como, por ejemplo, en la Primera carta a Timoteo, en donde Pablo le dice a Timoteo que se dedique a la predicación, a la exhortación y a la instrucción "hasta que" él llegue, lo cual no significa que después de la llegada de Pablo Timoteo haya dejado su trabajo apostólico (1Tm 4, 13).

Un ejemplo muy parecido al texto de Mt 1, 25 es 2S 6, 23 en el AT en donde se dice que *"Mical, hija de Saúl, no tuvo hijos hasta el día de su muerte"*. ¡Esto no significa, claro está, que haya tenido hijos después de muerta! Tanto en el AT como en el NT hay ejemplos semejantes.

Por otra parte, la cita que Mateo hace del profeta Isaías: *"He aquí que una virgen concebirá y dará a luz un hijo al que se le pondrá por nombre Emmanuel, que quiere decir Dios-con-nosotros"* (Is 7, 14), no puede tomarse como prueba de la virginidad de Nuestra Señora. La virginidad debe buscarse en otras fuentes bíblicas, en la tradición y en el magisterio eclesiástico, como ya se dijo. Dentro del plan teológico de hacer que se realicen en Jesús las profecías del AT, el evangelio de Mateo emplea la cita de Isaías que históricamente no se refiere ni a Jesús ni a María, sino a la joven madre del rey Ezequías y al propio Ezequías. El futuro rey Ezequías fue la señal de salvación que Dios envió a su pueblo. Este nació de una madre joven, lo que el texto traduce por *virgen*. Ezequías sería un rey tan justo y sabio que sería llamado "señal"

---

60. Biblia da LEB, *comentario* a Mt 1, 25.

150

de Dios o Emmanuel (Dios está en medio de nosotros. Cf Is 7, 14; 2R 18, 1-17).

En cuanto a los *hermanos* de Jesús, se dijo ya que el NT no conoce más hijos de María y José y que en ningún texto del NT nadie es llamado hijo de María en sentido estricto de la palabra, sino sólo Jesús. La expresión "hermanos del Señor" que aparece en el NT es un hebraísmo para designar a un pariente próximo. Tal designación aparece en Mt 12, 46; 13, 55ss; Mc 3, 31; 6, 3; Lc 8, 19; Jn 2, 12; 7, 3ss; 20, 17; Hch 1, 14; 1Co 9, 5; Ga 1, 19. Los nombres de estos hermanos del Señor son también conocidos: Santiago, José, Simón y Judas.

En hebreo no hay muchos términos para indicar los diversos grados de parentesco como primo, sobrino, tío, entenado, etc. Según la tradición nómada, los miembros de una tribu o de un clan se llamaban hermanos, del mismo modo que el jefe era llamado padre. El término hebreo *ah* significa literalmente hermano pero puede significar igualmente *sobrino* (Gn 14, 4ss) *tío* (Gn 29, 15), *primo* (Lv 10, 4; 1Cro 23, 21).

No podemos considerar como hijos de María a los cuatro "hermanos del Señor" nombrados en el NT. Santiago y José son hijos de otra María, que estuvo también al pie de la cruz de Jesús: "*Entre otras se encontraban allí María Magdalena, María la madre de Santiago y de José y la madre de los dos hijos de Zebedeo*" (Mt 27, 56). Simón y Judas eran parientes de Jesús. En el NT no se dice nunca que ellos fueran hermanos uterinos de Jesús. Además de que resultaría muy difícil entender cómo Jesús entregó su madre a los cuidados de un discípulo suyo, a Juan, si ella hubiera tenido otros hijos que hubieran podido cuidar de ella[61].

---

61. Cf *Mckenzie*, J. L. *Op. cit*. Art, "*Irmaos do Sehnor*", p 448.

# 48

## ¿Son hechos históricos: la visita de los Magos, la muerte de los inocentes y la huida de Jesús a Egipto? ¿Por qué el evangelio de Mateo habla de esto?

La llamada visita de los reyes magos la cuenta únicamente Mateo (Mt 2, 1-12). El capítulo 2 de Mateo es considerado hoy como una "página de instrucción" del evangelista sobre la infancia de Jesús y no una página histórica. Esta manera de escribir se llama, en el lenguaje bíblico, *midrash*. Ese es, pues, un capítulo *midráshico*. La palabra *midrash* es hebrea y significa exposición, enseñanza religiosa; es la explicación de un texto bíblico hecha muy libremente, con alegorías, imágenes, comparaciones e incluso con fantasías.

Mateo usó varios textos bíblicos del AT con bastante libertad para transmitir una enseñanza sobre Jesús. Para él, Jesús es el nuevo Moisés y mayor que Moisés. Es el nuevo legislador. Para Mateo, el evangelio de Jesús es la nueva ley; la Iglesia es el nuevo pueblo. Todas estas enseñanzas se basan en el AT. Por eso los usa Mateo. Los relatos midráshicos en el evangelio de Mateo no es que sean falsos porque no relaten hechos históricamente comprobados de la vida de Jesús. Su fundamento está en hechos históricos pasados, recibidos a la luz de su teología, de su intención cuando escribió el evangelio.

Mateo habla en el capítulo 2 de la visita de los reyes magos, de la huida a Egipto, de la muerte de los inocentes y del regreso a Nazaret, empleando el *género midrash*.

Todos esos hechos tienen fundamento en el AT, en la historia del pueblo de Dios. Mateo hace que dicha historia se haga presente, actualizando en la vida de Jesús y en su persona hechos sucedidos en el pasado de su pueblo.

Una vez que hayamos entendido la óptica de Mateo, podemos considerar los elementos concretos de la narración en forma de midrash. Tales elementos son a) la visita de los reyes magos; b) la huida a Egipto, la muerte de los inocentes y el regreso de Jesús a Nazaret.

*a) La visita de los reyes magos.*

El hecho se ubica en tiempos del rey Herodes el Grande. Este reinó en Palestina desde el año 37 a C. hasta el 4 dC. En ese tiempo, según Mateo, llegaron de oriente los reyes magos, dirigidos por una estrella.

El texto evangélico no le da a esos personajes el título de "reyes".

Según los estudiosos y de modo especial según las informaciones del historiador griego Heródoto, los magos formaban un grupo sacerdotal en el reino de los medos. La Biblia habla de ciertos sabios de Babilonia, a quienes se llamaba magos (Jr 39, 3; Dn 2, 4).

Se sabe por la misma Biblia y por la historia que muchos reyes y paganos visitaban a Jerusalén, atraídos —entre otros motivos— también por la religión que allí se practicaba. Por ejemplo, la reina de Saba visitó a Salomón (1R 10); en el tiempo del NT los hechos informan sobre la presencia de incontables extranjeros en Jerusalén (Hch 2, 7-12).

La presencia de sabios extranjeros en Jerusalén es un hecho histórico; los magos pertenecerían a esos grupos de visitantes.

Mateo incluye, además, con motivo de su visita la aparición de la estrella de Jesús: *"Hemos visto su estrella en el Oriente y venimos a adorarlo"* (2, 2). Mateo está empleando aquí, de manera muy clara, la referencia histórica del libro de los Números, donde se trae un oráculo mesiánico de un mago o sabio de Mesopotamia llamado Balaam. Este dice: *"Lo veo, aunque no para ahora, lo diviso pero no de cerca; de Jacob avanza una estrella, un cetro surge de Israel"* (Nm 24, 17)[62].

Mateo usa este texto, lo interpreta como profecía sobre Jesús y la pone en boca de los magos; los convierte así en el instrumento

---

62. En la catacumba de Priscila en Roma, hay una significativa y hermosa pintura en fresco que representa a la Virgen María, al Niño y al profeta Balaam. Es una pintura que hace alusión a este pasaje bíblico. Es, además, la referencia más antigua de la devoción de la Iglesia a Nuestra Señora.

de la realización del oráculo profético: la estrella prevista por Balaam es Jesús; los magos llegan para ver a Jesús.

Añadamos que Mateo le da al simbolismo de la estrella un sentido. La estrella, como se sabe, es el símbolo de la nación judía (Nm 24, 17; Gn 49, 1-10). Para Mateo esa estrella es ahora Jesús.

Muchos eruditos pretenden, sin embargo, explicar la aparición de la estrella como fenómeno astronómico: habría sido un cometa e incluso la famosa conjunción de Júpiter y Saturno ocurrida en el año 70 aC. Esto es ajeno al texto de Mateo. No se refiere a ningún astro; está haciendo un midrash a Num 24, 17. No podemos dejar de observar que en el mundo greco-romano de entonces había la costumbre de designar como "estrellas" los acontecimientos importantes de la vida de los grandes hombres.

Históricamente se pude admitir que algunos sabios visitaron a Jerusalén. Mateo relata esta tradición releyendo textos bíblicos del AT.

*b) La huida a Egipto, la muerte de los inocentes*
   *y el regreso de Jesús a Nazaret.*

Estos hechos deben ser colocados en el mismo molde teológico-bíblico que el anterior sobre los magos. Mateo releyó los textos bíblicos y los aplicó a Jesús. Son textos de los profetas Oseas y Jeremías. E hizo referencia a cierto texto de la Escritura en donde se llama a Jesús Nazareno.

Oseas habla del pueblo de Israel cuando estaba esclavo en Egipto y al que Yavé liberó: *"De Egipto llamé a mi hijo"* (Os 11, 1). Para Mateo, Jesús es el nuevo Moisés, llamado también de Egipto para liberar al nuevo pueblo de sus pecados. Jesús, nuevo Moisés, debe realizar el nuevo éxodo, la salvación definitiva. Por eso Mateo hace, de una manera análoga, que Jesús vaya a Egipto (=huida a Egipto y emplea el pasaje de Os 11, 1 para darle un fundamento a su finalidad didáctico-teológica, muy bien trabajada por él. Es el perfecto tipo de catequesis, o como se dijo, un verdadero midrash. Históricamente no se sabe de una huida de Jesús a Egipto. La información que da Mateo es evidentemente teológico-catequética.

154

Este mismo fenómeno ocurre con el episodio de la muerte de los inocentes. El asesinato de tantos niños en Belén, como lo refiere Mateo, no puede comprobarse históricamente. Pero dentro del esquema teológico de su evangelio usa las tradiciones históricas y religiosas de su pueblo como un cuadro de fondo para la narración de la vida de Jesús, nuevo Moisés. El hace también ahora que "se realice" en Jesús cuanto aconteció en el pasado de su pueblo.

Se sabe que es histórico el episodio de la concentración de los prisioneros judíos destinados al destierro en Babilonia en el año 585 aC (2R 25, 11; Jr 40, 1). Con este hecho, que estuvo precedido por el destierro del rey y de los nobles (2R 24, 13), la nación, el pueblo de Dios, dejaba de existir en Israel. Era un hecho doloroso y desesperanzador para todo el pueblo.

La concentración de los prisioneros destinados al destierro se hizo en *Ramá*, la actual *Er-Ram*, a 9 kilómetros de Jerusalén. En ese momento actuaba, en medio del pueblo, el profeta Jeremías. El describe la situación, diciendo: *"En Ramá se escuchan ayes, lloro amarguísimo. Raquel que llora por sus hijos, que rehúsa consolarse —por sus hijos— porque no existen"* (Jr 31, 15).

El profeta se está refiriendo al destierro de los judíos a Babilonia y pone en boca de Raquel, esposa de Jacob y madre del pueblo hebreo, las palabras de dolor sobre la "muerte de sus hijos" es decir, el exilio.

El evangelista Mateo emplea este acontecimiento histórico y lo actualiza en la vida de Jesús mediante el episodio de la "matanza de los inocentes" en Belén. Esto, porque el túmulo de Raquel está cerca de Belén, según la tradición hebrea que interpreta de este modo la información de Gn 48, 7. El pasaje dice así: *"Cuando yo venía de Paddán se me murió en el camino Raquel, tu madre, en el país de los cananeos, a poco trecho para llegar a Efrata y allí la sepulté, en el camino de Efrata o sea Belén"*.

Para Mateo, algo semejante sucedía ahora en Belén: las mamás de los niños lloraban al ver que sus hijos eran asesinados a espada por orden del impío Herodes. La situación de dolor era idéntica a la de Raquel. Para Mateo este acontecimiento realizaba el vaticinio de Jeremías (Jr 31, 15). En realidad, el evangelista está hablando metafóricamente de Raquel, la madre del pueblo.

### El regreso de Jesús a Nazaret

Es igualmente un *midrash* de Mateo para mostrar a los lectores de su comunidad que de hecho en Jesús se realizaba todo lo que se había dado en la vida de Moisés: este, luego de ser perseguido y de haber huido, recibió el llamamiento de Dios para que volviera a Egipto, su tierra: *"Yavé dijo a Moisés en Madián: 'Ve, regresa a Egipto, pues han muerto todos lo que querían matarte'"* (Ex 4, 19).

Esto mismo sucede con Jesús, el nuevo Moisés. El texto de Mateo es idéntico: *"... regresa a la tierra de Israel, pues han muerto todos los que tramaban contra la vida del niño"* (Mt 2, 20).

Mateo añade además que Jesús se fue a Nazaret, para que se cumpliera lo que fuera dicho por los profetas: *"Será llamado Nazareno"* (2, 23). En la Biblia no hay ningún oráculo ni ningún texto de los profetas al respecto. Mateo está sintetizando, ciertamente, en esta expresión redaccional, las antiguas tradiciones sobre la ciudad de origen del mesías, estas tradiciones se basaban en el texto de Isaías, que dice: *"Saldrá un vástago del tronco de Jesé y un retoño de sus raíces brotará"* (11, 1). En hebreo, la palabra "vástago" se dice *neser*, cuya raíz NSR es fonéticamente muy similar a la palabra *nazareno* que tiene igualmente la raíz NSR. Mateo hace un juego de palabras entremezclando esa tradición religiosa popular y el texto de Isaías. Como se dijo, la cita que Mateo hace, atribuyendo a los profetas este oráculo, no existe en la Biblia.

# 49

## ¿Fue Jesús bautizado como nosotros?
## ¿La paloma era el Espíritu Santo?
## ¿La voz venida del cielo era la voz de Dios?

El bautismo de Jesús, tal como está narrado en los evangelios, ha intrigado a mucha gente. Se ha dicho que el bautismo de Jesús es el mismo que la Iglesia confiere hoy. No es así. El bautismo que la Iglesia confiere fue instituido por Jesús; es un sacramento o señal e instrumento de la gracia de Dios por el cual el hombre se hace partícipe de la comunidad del bien, haciéndose copartícipe de la resurrección de Jesús (Rm 6, 1-14), hijo de Dios, heredero del cielo y miembro activo de la Iglesia de Jesús (Ga 3, 26-29; 1Co 12, 12ss).

El bautismo de Juan no era un sacramento, sino una señal penitencial. Juan lo administraba a aquella persona que cambiara de vida y procurara seguir su predicación penitencial. Un dato importante en el bautismo de Juan era la exigencia de la *metanoia*, la conversión. Juan exigía la conversión, el cambio de vida, como condición para recibir su bautismo. De este modo, se situaba en la línea de la predicación profética que constantemente exigía al pueblo el cambio de corazón, cambio interior para ser fiel a la ley. Su bautismo exigía la conversión interior con miras al reino de Dios.

El bautismo de Juan se llama *"bautismo de penitencia para el perdón de los pecados"* (Mc 1, 4; Lc 3, 3). Sin embargo, no es un bautismo suficiente para alcanzar la salvación de Dios como lo es el bautismo instituido por Jesús; el bautismo de Juan tampoco comunica la participación en la vida del Espíritu Santo. Tal diferencia aparece clara, tanto en los evangelios como en los Hechos de los Apóstoles, con la oposición de los términos "agua" y "Espíritu Santo" que usan cuando se refieren al bautismo de Juan y al instituido por Jesús. Es decir: el bautismo de Juan es bautismo de agua solamente; el bautismo instituido por Jesús es un bautismo del Espíritu Santo (Mc 1, 8). A veces, el bautismo de Jesús es llamado también bautismo "de fuego": *"Yo os bautizo en agua para conversión; pero aquel que viene detrás de mí es más fuerte que yo y no soy digno de desatarle las sandalias. El os bautizará en Espíritu Santo y fuego"* (Mt 3, 11. Cf Mc 1, 8; Lc 3, 16; Jn 1, 33; Hch 1, 5; 11, 16)[63].

En este texto, aparecen claramente los elementos que diferencian un bautismo del otro. El de Juan es inferior al de Jesús, del mismo modo que el Precursor es inferior al mesías: "No soy digno de llevarle las sandalias".

*¿Por qué, entonces, Jesús fue bautizado por Juan?*
*¿Necesitaba convertirse, cambiar de vida?*

Jesús no necesitaba ser bautizado por Juan, porque no tenía que cambiar de vida. Pero se somete al bautismo de Juan porque, de hecho, iba a comenzar "una nueva vida": su ministerio público, la predicación del Reino de Dios. Ante el público que lo escucharía, debía presentarse como alguien "bien intencionado", "convertido", "discípulo de Juan"; para hacerse aceptar. Jesús acepta esto. Pues vino para la salvación de todos. Se hizo semejante a todos los hombres en todo (Flp 2, 7). Por esto, Juan que sabía quién era Jesús, rehusaba bautizarlo: *"Soy yo quien debe ser bautizado por Ud... y Ud., viene a mí"* (Mt 3, 14).

El hecho de que Jesús hubiera bautizado con el bautismo penitencial también preocupó a la Iglesia primitiva. Por eso, algunos afirman que la respuesta dada por Jesús a Juan: *"Déjame ahora, pues conviene que así cumplamos toda justicia"* (Mt 3, 15) es una aclaración que el evangelista hace, mediante Jesús, a esta duda de la comunidad. Es decir: era necesario que el plan salvífico de Dios (la justicia) se realizara y que Jesús, semejante en todo a nosotros menos en el pecado (Hb 4, 15), fuera visto por la comunidad y por todos los hombres como el ejemplo acabado de humildad. De ahí que, sin ninguna necesidad, se sometiera al bautismo penitencial de Juan Bautista.

---

63. El fuego tiene un gran significado en las religiones. En la Biblia es señal de las teofanías, principalmente en el AT. En el NT es igualmente signo de juicio de Dios (Mt 3, 10; Lc 3, 9-17; etc.). En la expresión de Juan Bautista el fuego es signo de la purificación que realizará el bautismo de Jesús en el interior del hombre.

El diálogo entre Jesús y Juan Bautista sobre el bautismo lo trae solamente Mateo.

Un aspecto importante que debe ser tenido en cuenta: muchos consideran el hecho de que Jesús se haya hecho bautizar antes de comenzar su ministerio como un ejemplo o prueba de que el bautismo debe ser conferido solamente a los adultos.

Pero esto no es ninguna prueba, pues el bautismo que confiere la Iglesia es distinto. Son cosas muy diferentes. El de la Iglesia es un sacramento, el otro no.

### La figura de la paloma y la voz del cielo

La narración de Mateo no puede tomarse al pie de la letra. Cuando se trata de interpretar un texto bíblico debemos tener cuidado, como se ha repetido varias veces. El modo de pensar, de escribir, de narrar de los antiguos es diferente al nuestro. Es el caso de este pasaje de Mateo sobre el bautismo de Jesús. La "paloma" y la "voz del cielo", de que habla Mateo, son partes de un cuadro y deben verse en ese conjunto.

Mateo empleó el género literario llamado "teofanía" para hablar del bautismo de Jesús. Es un modo de escribir de los antiguos y del que Mateo se sirvió en esta narración, como también en otras, para narrar momentos importantes de la vida de Jesús, como la transfiguración (17, 1-8) y su muerte en la cruz (27, 51-53). Este modo de escribir tiene como finalidad indicar una manifestación de Dios perceptible sensiblemente. En la elaboración de un escrito teofánico, el autor recurre a los más variados modos literarios: simbolismo, figuras humanas, señales, fenómenos naturales empleados con frecuencia, mostrados como fuerzas terribles e incontrolables. Ejemplos de teofanías: Gn 18: Dios se apareció a Abrahán en forma humana; Gn 26, 2: Dios se mostró a Isaac; en Gn 32, 25-31 se mostró a Jacob y luchó con él; en Ex 19, 16 y 20, 18 Dios se mostró mediante fenómenos de la naturaleza: truenos, rayos, relámpagos, fuego, humareda, nube.

En el bautismo de Jesús, Mateo usa este modo de escribir. Por eso aparecen los cielos que se abren, la paloma como figura del Espíritu Santo y la voz que vienen de lo alto, del cielo.

La *paloma* tiene un gran simbolismo en el AT. La tradición del AT designaba al Espíritu de Dios como viento o soplo. Vea, por ej., Gn 1, 2; 2, 7. La poesía popular simbolizaba el viento, el soplo de Dios, como elemento físico dotado de alas. La paloma, por varios motivos, pasó a ser identificada con ese elemento físico alado. Y lógicamente llegó a simbolizar al Espíritu de Dios. En el AT tiene un simbolismo muy rico: simboliza al espíritu y a la ingenuidad (Os 7, 11), al amor (Ct 2, 14; 5, 2; 6, 9); al pueblo de Dios (Sal 74, 19), etc.

En el bautismo de Jesús, la paloma es alusión al Espíritu Santo, fuerza santificadora. Es vida nueva. Como en los tiempos primeros, en la primera creación, el Espíritu de Dios aleteaba sobre las aguas (Gn 1, 2), del mismo modo aquí, el Espíritu Santo está en el inicio de la segunda, nueva y definitiva creación para dar nueva vida.

La *voz* venida del cielo cierra el cuadro teofánico. Mateo, con esto, quiere decir que de hecho Jesús es el Hijo de Dios; y emplea pasajes de la Escritura que hablan del Hijo de Dios, del Elegido de Dios, por ej.: *"Voy a publicar el decreto de Yavé: él me ha dicho 'Tú eres mi hijo, yo te he engendrado hoy'"* (Sal 2, 7); y el texto de Isaías: *"He aquí a mi siervo a quien sostengo, mi elegido, el preferido de mi alma"* (42, 1). Textos que son retomados en Mt 12, 18 y 17, 5.

Como se ve en el texto, Mateo cita en especial el pasaje de Is 42, 1 y lo aplica a Jesús.

No podemos descartar aquí una referencia clara de Mateo al bautismo cristiano. Quiere mostrar a su comunidad que en el bautismo entra la fuerza operativa del *Espíritu Santo* (=la paloma) que hace del hombre un hijo amado de Dios Padre por medio de Jesucristo salvador. Hay una fórmula bautismal muy clara, evocadora de la Santísima Trinidad: el *Padre* que habla desde el cielo, el *Hijo* que es bautizado y el *Espíritu Santo* que actúa.

En síntesis, podemos decir que en el relato del bautismo de Jesús, Mateo desea enseñar a su comunidad y a todos nosotros, bajo la forma literaria propia de su tiempo, grandes verdades: Jesús es el Hijo de Dios; el Espíritu Santo actúa en nosotros formando al hombre nuevo (simbolismo de la paloma); el Padre es quien envía a su Hijo al mundo y confirma su mesianidad y su misión.

## 50
### ¿Cómo debemos entender las tentaciones de Jesús?

Mucho se ha escrito y se escribirá sobre las tentaciones de Jesús. Los estudios dan las más diversas respuestas sobre ellas. También los puntos de vista son los más diversos posibles. Parece, sin embargo, que actualmente hay dos vertientes que llevan a una recta comprensión de las mismas.

*Primera*: las tentaciones son una forma literaria concreta con la que los evangelistas muestran que Jesús es hombre, plenamente hombre, en todo menos en el pecado. Cada evangelista las relata según la óptica específica de su evangelio. En ese sentido, las tentaciones no fueron solicitaciones concretas al mal, sino que se integran en el cuadro teológico literario de cada evangelista sinóptico, quienes desean mostrar que Jesús fue verdadero hombre en todo.

*La segunda* vertiente ve las tentaciones de Jesús como algo concreto, sucedido de hecho en su vida en cuanto hombre. El sintió realmente la tentación: la de desviarse del proyecto de ser hombre total, pleno, encarnado, destinado a la muerte redentora, para refugiarse en la divinidad, escapándose así de todo sufrimiento y de cuanto fuera humillante para la condición humana. ¡Jesús como hombre pasó por ese dilema!

En síntesis, me parece que son estas las interpretaciones más comunes hoy sobre las tentaciones de Jesús.

Como las tentaciones de Jesús se narran con más pormenores en Mateo y en Lucas, creemos oportuno decir algo más sobre éstas, a la luz de la óptica del evangelio de Mateo.

Las tentaciones de Jesús, en Mateo, entran dentro de su óptica específica. Cada evangelista tiene su propia óptica teológica. Los

161

tres sipnóticos[64] narran las tentaciones de Jesús. Mateo y Lucas con más pormenores, como ya se dijo y con alguna diferencia entre sí; Marcos sólo hace mención de las mismas (Mc 1, 12-13).

Además de la óptica específica de cada evangelista, una cosa parece que emerge de todos los relatos: la historicidad de las tentaciones.

Jesús, como hombre que fue, fue tentado. Pasó por todo lo que es humano, hasta la última experiencia, para mostrar así la imagen humana de Dios; aceptó la más difícil y crítica de las experiencias humanas: la tentación. La superó igualmente para mostrar su perfecta fidelidad a Dios[65].

Mateo retoma todos estos datos y los reelabora dentro de su óptica teológica. En la base de su relato están evidentemente las enseñanzas que Dios dio al pueblo por medio de Moisés en el desierto y que están narrados en el Deuteronomio (Dt 6-8).

Los tres sinópticos dicen que Jesús fue llevado al desierto para ser tentando por el diablo (Mt 4, 1; Mc 1, 12-13; Lc 4, 1-2). Aquí hay tres palabras claves para la comprensión de las tentaciones: desierto, tentación y diablo. Mateo hace revivir en la persona de Jesús las luchas y tentaciones por las que pasó el pueblo de Dios durante la travesía del desierto. En el desierto el pueblo de Dios fue tentado y cayó en la tentación, Jesús, el nuevo legislador, el fundador del nuevo pueblo de Dios, es también tentado pero vence la tentación.

La fórmula usada por Mateo: "Entonces Jesús fue conducido por el Espíritu a la parte alta del desierto, para ser tentado por el diablo" (Mt 4, 1) corresponde idénticamente a la fórmula del libro del Deuteronomio cuando habla del pueblo: "Yavé te condujo a través del desierto durante cuarenta años para humillarte y probarte..." (Dt 8, 2).

---

64. Son *sinópticos* los tres primeros evangelistas: Mateo, Marcos y Lucas. Son llamados así porque sus relatos son muy coincidentes. Hay muchas semejanzas entre ellos. La palabra sinóptico viene de sipnosis que significa, en griego, ver en conjunto, ver junto. De hecho, si se colocan las narraciones de los tres evangelistas sinópticos unas, al lado de las otras, pueden compararse y ser vistas en conjunto. Son muy semejantes entre sí.

65. Cf *Schiwy*, G. *Introduzione al Nuovo Testamento: Matteo-Marco.* Asís, 1971, pp 80-83.

Mateo dice que Jesús ayunó durante cuarenta días y cuarenta noches (Mt 4, 2). El Exodo habla de que Moisés también ayunó cuarenta días y cuarenta noches sobre el monte Sinaí (Ex 24, 18). Jesús no es menos importante que Moisés.

*La primera tentación* de Jesús recuerda la del pueblo en el desierto cuando pedía comida (Dt 8, 3). El Deuteronomio dice que la comida no es lo más importante en la vida, sino las palabras que salen de la boca de Dios. Jesús repite las mismas palabras al diablo: *"No sólo de pan vive el hombre, sino de toda palabra que sale de la boca de Dios"* (Mt 4, 4).

En el desierto, el pueblo cedió a la tentación de la desconfianza en Dios. Aunque Dios siempre hubiera acudido a sus peticiones. La promesa, las palabras que salen de la boca del Señor, son verdaderas.

Jesús, al contrario, vence la tentación. Cree en la palabra del Padre, que lo resucitará.

*La segunda tentación* de Jesús es una tentación de autosuficiencia. La primera tentación fue la de no creer en la palabra y la providencia del Padre. Ser autosuficiente es considerarse el centro del mundo, no tener necesidad de nadie, ser por sí mismo. Es la tentación de "ser iguales a Dios" (Gn 3, 5). Es una de las grandes tentaciones humanas. El diablo tienta a Jesús: que ocultara su humanidad y manifestara su divinidad. Que era "igual a Dios", podía demostrarlo públicamente saliendo ileso de una situación de alto riesgo, de mucho peligro: *"Si eres Hijo de Dios, tírate de aquí, abajo"* (Mt 4, 6).

Jesús responde con las palabras del Sal 91, 12: "Te llevarán ellos en sus manos para que en piedra no tropiece tu pie". Es decir, si Dios es Padre y protege a todos para que no les ocurra a sus hijos nada malo, ¿por qué hay que probarlo para saberlo? El lo está mostrando todos los días. Sus señales son evidentes. Rechazar sus señales y pedir otras es tentar a Dios. Es desconfiar, es ser rebelde y es querer afirmarse como el centro de toda decisión.

El pueblo de Israel no quiso entender las señales de Dios que lo acompañaba en el desierto y exigió que probaran la presencia de Dios en medio de él (Ex 17, 1-7). El pueblo tentó a Dios.

Jesús, al contrario, muestra que la providencia de Dios es fiel; el hombre no debe desconfiar de Dios y apoyarse sólo en sí mismo. Dios manifiesta su presencia y su bondad cada día. Por eso, el hombre no debe tentarlo exigiéndole otras señales para saber que él es Padre.

Jesús vence la tentación mostrando que él capta la presencia de Dios en la historia y que no tiene necesidad de otras señales para identificarla, como sí lo exigió el pueblo de Israel en el desierto. Jesús rechaza la tentación con las mismas palabras con las que Dios censuró a su pueblo en el desierto: *"No tentarás al Señor, tu Dios"* (Mt 4, 7b; Dt 6, 16).

*La tercera tentación* es la tentación de la idolatría: esclavizarse a los bienes de este mundo, abandonando a Dios. El diablo intenta seducir a Jesús con los bienes de este mundo y desviarlo de la obediencia filial a Dios Padre. Le insinúa que es un mejor bien gozar de los bienes de este mundo, que someterse a la voluntad de Dios que lo destinará a morir por los hombres.

La sumisión a los bienes de este mundo, el reino de este mundo, implica siempre el rechazo de Dios. Por eso, en la tercera tentación, el demonio exige la sumisión y el vasallaje: aceptarlo y aceptar los bienes de este mundo es rechazar a Dios.

Jesús repele la insinuación de la infidelidad al plan salvífico de Dios, repitiendo al diablo dos pasajes del discurso de Moisés al pueblo de Dios en el desierto: *"Adorarás al Señor tu Dios y a él sólo servirás"* (Mt 4, 10b; Dt 5, 1. 9) y: *"A Yavé tu Dios temerás, a él le servirás, por su nombre jurarás"* (Dt 6, 13).

El pueblo de Dios en el desierto fue infiel a la liberación que Dios le proponía: adhirió a los ídolos y les sirvió (Ex 32) olvidándose de Dios; el pueblo se desvió del plan de Dios.

Jesús, el nuevo liberador, no se dejó seducir por el diablo, por la tentación a la idolatría. Fue fiel a Dios y a su plan de salvación.

En las tres tentaciones que Mateo relata, queda claro el paralelismo entre Jesús y Moisés, entre el pueblo de la antigua alianza y el pueblo de la nueva alianza. Si Moisés y el pueblo de la antigua alianza fueron infieles a Dios y sucumbieron a las tentaciones del desierto, Jesús, nuevo Moisés e instaurador del nuevo pueblo, fue fiel a Dios y venció todas las insinuaciones del tentador. Por eso, las citas que ponen en boca de Jesús, como respuesta al tentador, son las del Deuteronomio que narra las tentaciones del pueblo de Dios en el desierto.

En las tres tentaciones que vence, Jesús muestra en qué consiste su misión en este mundo: en cumplir fielmente la voluntad del Padre. Su fidelidad a ese plan del Padre no admite intereses personales ni desconfianza ni comodidad (= primera tentación); tampoco autosuficiencia y ambición (= segunda tentación), ni dominio económico, político-mesiánico (= tercera tentación)[66].

El versículo final del relato de las tentaciones y que dice: *"Finalmente el diablo lo dejó y he aquí que algunos ángeles se acercaron y le sirvieron"* (Mt 4, 11) es un complemento teológico. El mesías prometido en el paraíso terrestre (Gn 3, 15) venció a Satanás y dio comienzo así a los nuevos tiempos; el paraíso ha sido recuperado. El evangelista Marcos completa el cuadro diciendo que *"El estaba en medio de las fieras y los ángeles le servían"* (Mc 1, 13b). Es una típica alusión a la paz mesiánica universal traída por Jesús, el mesías y predicha por el profeta Isaías:

> "Serán vecinos el lobo y el cordero y el leopardo se echará con el cabrito, el novillo y el cachorro pacerán juntos, y un niño pequeño los conducirá. La vaca y la osa pacerán, juntas acostarán sus crías, el león como los bueyes comerá paja. Hurgará el niño de pecho en el agujero del aspid, y en la hura de la víbora el recién destetado meterá la mano. Nadie hará daño, nadie hará mal en todo mi santo monte, porque la tierra estará llena de conocimiento de Yavé, como cubren las aguas el mar" (Is 11, 6-9).

En conclusión: Jesús, siendo plenamente hombre, pasó por el dilema de la tentación. Sintióse tentado a hacer prevalecer su divinidad sobre su humanidad, desviándose del proyecto original

---

66. Cf. *Schiwy*, G. Op. cit., p 84; *Bombo*, C. *"As tentações de Jesús nos Sinóticos"* en *Revista de Cultura Bíblica*, 1972, pp 83-102; Storniolo, I. *As tentações de Jesus.* Sao Paulo: Ed. San Pablo, 1988.

del Padre que lo destinó a salvar a los hombres por el sufrimiento y la cruz. Pero venció la tentación y su victoria en nuestra salvación.

## 51
### Vendría bien una explicación de las bienaventuranzas

Las bienaventuranzas nos han llegado en dos redacciones: una de Mt 5, 1-12 y otra de Lc 6, 20-23. Según Mateo, las bienaventuranzas son nueve y constituyen la nueva ley promulgada por Jesús, nuevo Moisés, y fue promulgada sobre un monte como lo fue la antigua ley.

En Lucas, el enfoque es diferente; las bienaventuranzas son apenas cuatro y están seguidas de cuatro maldiciones; no son proclamadas sobre un monte sino en una llanura (6, 17) y forman un importante discurso de Jesús al comienzo de su ministerio, camino de Jerusalén.

Esto muestra, sin duda, que Mateo reelaboró las grandes enseñanzas de Jesús, las resumió y las juntó todas en un gran y solemne discurso al comienzo de su ministerio. Para Lucas las bienaventuranzas y las maldiciones pertenecen a un discurso de Jesús durante su ministerio.

En verdad, las bienaventuranzas son una colección más o menos orgánica de dichos y enseñanzas de Jesús pertenecientes a diversos momentos y pronunciados en lugares diferentes. Son una elaboración catequética de la Iglesia primitiva en la forma en que las tenemos.

Punto central en las bienaventuranzas es la justicia superior que debe presidir todo el actuar cristiano; el criterio para medir dicha justicia es el mismo Padre celestial: "*Por lo tanto, sean perfectos como es perfecto su Padre celestial*" (Mt 5, 48).

El sermón de la montaña no se restringe, como a veces se dice, a las solas bienaventuranzas. Es mucho más amplio y puede dividirse, en el evangelio de Mateo, de esta manera:

— Introducción (5, 1-2)
— Las bienaventuranzas propiamente dichas (5, 3-12)
— Apéndice: los discípulos deben ser sal y luz del mundo (5, 13-16)
— Tema central del sermón: la nueva justicia, superior a la antigua Ley (Mt 5, 17-48)
— La nueva práctica cristiana (6, 1-18)
— Consejos y comparaciones (6, 19-7, 23)
— Conclusión del sermón: la casa sobre la roca: quien practica la nueva justicia permanece firme en el Señor para siempre (7, 24-27)[67].

Las bienaventuranzas proclaman una felicidad paradójica: son felices los pobres, los mansos, los afligidos, los perseguidos... ¡Establecen un nuevo orden de valores y de ideas que no coinciden con los del mundo que proclama, al contrario, bienaventurados a los ricos, a los despabilados, a los violentos, a los satisfechos!

Las bienaventuranzas tienen un dinamismo revolucionario y liberador: quieren derrumbar las estructuras de una sociedad corrompida por el egoísmo y establecer una sociedad nueva, fraterna, justa. En este sentido, las bienaventuranzas son escatológicas, es decir, dan sentido a la *vida futura* que es vida nueva, nueva creación.

Como dijimos, en Mateo las bienaventuranzas son nueve. Las cuatro primeras presentan el *ser pobre*: el pobre es el necesitado que busca, espera, acoge. La bienaventuranza fundamental es la de la pobreza; las otras la explicitan y la complementan.

Las tres bienaventuranzas siguientes muestran que el pobre, realmente pobre, es como Jesús: misericordioso, veraz y pacífico.

Las dos últimas anuncian la persecución contra los que desean construir una nueva sociedad con los parámetros de la justicia y el amor.

Haremos, ahora, una breve consideración sobre cada una de las bienaventuranzas.

67. Cf *Nuovissima Versione della Bibbia*. NT, Mateo, p 99.

1a. *"Felices los pobres de espíritu, porque a ellos les pertenece el Reino de los cielos"* (Mt 5, 3)

*Pobre* designa aquí a la persona que tiene necesidades, carencias. Mateo añade: "En espíritu". Esta expresión ha sido muy discutida y es interpretada por todo el mundo. De modo general se admite que "pobre en espíritu" designa a la persona enteramente necesitada, extremamente carente tanto en lo material como en lo espiritual. *Espiritualmente* significa en este caso: la aceptación convencida de la propia necesidad, de la propia carencia. Las personas totalmente pobres, enteramente pobres y que aceptan sus limitaciones, están más abiertas al mensaje del evangelio. Sienten que necesitan la ayuda de Dios. La pobreza verdadera es serena, porque no tienen nada que perder y todo por ganar.

Esta bienaventuranza es una exigencia para todo discípulo de Jesús: ser radicalmente pobre, efectivamente pobre para poder recibir y vivir íntegramente el evangelio. Según este principio evangélico no es posible ser rico de bienes y pobre en el espíritu en el sentido de desapego (Mt 6, 19s; 4, 18; Lc 12, 33ss; 5, 1; 9, 9; 19, 1; etc.).

Una persona pobre, necesitada, humilde que pide y recibe la ayuda de Dios, conquistará ciertamente el Reino de los cielos, imposible de conquistar con la riqueza.

Esta bienaventuranza es explosiva y revolucionaria y se presta para muchas discusiones: ¿Sólo los pobres conquistarán el Reino de los cielos? ¿Pueden los ricos desapegarse de su riqueza y salvarse? Esta bienaventuranza subvierte también los conceptos: la pobreza deja de ser una maldición como se concebía antiguamente y llega a ser una bendición, una bienaventuranza, es salvación.

"Pobre de espíritu" no designa, pues, a la persona ignorante, tonta, sin personalidad, perturbada mentalmente, como se dice con frecuencia. ¡Es algo muy diferente!

2a. *"Felices los mansos y humildes, porque heredarán la tierra"*

Algunas Biblias traen esta bienaventuranza en el v 5 (por ejemplo la biblia de LEB0. Otras (por ej., la Biblia de Jerusalén) la traen en el v 4. Es considerada como una explicación de la primera bienaventuranza y podría incluso suprimirse.

Manso corresponde al término hebreo *anaw* y al griego *praus* que designa el estado de espíritu paciente, humilde, despojado. Es una cualificación de la primera bienaventuranza: el pobre es siempre humilde. El hombre humilde, manso, está más abierto al Reino.

*"Heredarán la tierra"* es una expresión que tiene dos sentidos: heredar la tierra prometida y heredar el Reino de los cielos. Habitualmente se interpreta en el segundo sentido.

3a. *"Felices los afligidos porque serán consolados"* (v 4)

Los afligidos son personas inseguras, porque se saben limitadas, marginadas. En algunas Biblias, en vez de "afligidos" se dice "los que lloran". Esto porque el griego puede ser traducido también así.

Afligido es igualmente una persona que no ve posibilidad de mejorar su vida. Es lo que comúnmente en las comunidades de base se llama "rajado". Afligirse a causa de la mansedumbre o de la humildad.

*"Ser consolado"* no es una actitud moral de compasión, sino esfuerzo por la propia liberación. El pobre, manso, humilde, afligido, en un determinado momento, fundado en su apertura al evangelio, basado en la concientización, pasa a luchar por la liberación de la propia indigencia y marginación. Tal es el consuelo, la esperanza; es el camino de liberación para heredar también el Reino de los cielos que comienza de hecho aquí en la tierra.

4a. *"Felices los que tienen hambre y sed de justicia, porque serán saciados"*

Las palabras originales, tanto en griego como en el correspondiente hebreo, designan a una persona que tiene hambre y sed y no tiene como saciarla. Está totalmente necesitada. En el texto designa a toda persona que ansía vehementemente la implantación de la justicia porque no se da entre los hombres. Los hombres carecen de justicia. Justicia significa, aquí, el conjunto de bienes que Dios quiso para todos los hombres. Hambre y sed de justicia es la lucha del hombre por conseguir, implantar, un "estado de justicia" en el mundo, es decir, la igualdad de condiciones para poder vivir bien.

Todo el que lucha con valentía por la justicia "será saciado" es decir, sentirá la alegría de estar construyendo un mundo mejor y liberando al hombre.

*Conclusión del primer grupo*

Como se ve, lo fundamental de estas cuatro primeras bienaventuranzas es el *ser del pobre*. El pobre es la persona realmente necesitada, convencida de su indigencia, humilde, que no ve posibilidad de una mejoría inmediata y por eso se dispone a luchar para cambiar este estado de cosas. Esta lucha es lucha por el Reino, por la posesión de la tierra, por la seguridad, por el compartir, por la liberación.

5a. *"Felices los misericordiosos, porque serán tratados con misericordia"*

6a. *"Felices los puros de corazón porque ellos verán a Dios"*

7a. *"Felices los promotores de la paz, porque serán llamados hijos de Dios"* (vv 7-9)

Estas tres bienaventuranzas muestran la consecuencia social de la actitud del pobre que se abre a Dios y al prójimo.

El pobre es misericordioso. *Misericordia* no significa sentir dolor. Significa empatía, es decir, sufrir junto con, sentir junto con, ser solidario con el prójimo. Bíblicamente, la misericordia es llamada "conmoción interior" (en hebreo *hesed rahamîn*) y designa toda la conmoción de la persona en favor del prójimo. El pobre se compadece y sufre con el que sufre; es solidario con él y comparte con él lo que tiene. Esto es ser misericordioso evangélicamente. Los pobres son los que más ayudan a los pobres; son más sensibles, son más abiertos.

El pobre, verdaderamente pobre, evangélicamente pobre, es también *veraz*. La expresión semita para designar una conciencia leal, sincera, abierta a Dios es "puro de corazón". El que es "puro de corazón" o sea, el leal y sincero en sus relaciones con Dios y con el prójimo, acoge y practica el evangelio. El hombre "puro de corazón" no practica la iniquidad (Mt15, 19) y por esto siente la alegría constante de estar en amistad con Dios (Sal 24, 3) es decir, ve a Dios. A Dios no le interesa tanto el exterior del hombre. Dios ve el corazón. El pobre, verdaderamente pobre, no miente, no engaña, no hace trampas.

El pobre es, finalmente, *pacífico*. La paz (en hebreo: *shalôm*) es bíblicamente el conjunto de todas las condiciones justas y necesarias para que el hombre lleve una vida buena con Dios, con los hombres y con el mundo. Se basa en la justicia y en el derecho. El pobre está mucho más abierto a la construcción de la paz, pues es necesitado, humilde, marginado. Retener, acumular, ambicionar, poder, avidez, son actitudes que provocan la desigualdad, la lucha, la guerra, nunca la paz.

*Conclusión al segundo grupo*

Quien practica la misericordia, quien es veraz en sus relaciones con los demás, quien es pacífico ese "alcanzará misericordia" es decir, encontrará la solidaridad de los hombres y el perdón de Dios; ese "verá a Dios", es decir, gozará de la alegría de una conciencia honesta y estará abierto a la palabra de Dios; será llamado "hijo de Dios", es decir, colaborador de Dios en la construcción de la paz.

Finalmente las últimas dos bienaventuranzas:

8a. *"Felices los perseguidos a causa de la justicia, porque de ellos es el Reino de los cielos"*

9a. *"Felices serán cuando los ofendan, persigan y digan toda clase de calumnias contra ustedes por mi causa. Permanezcan alegres y contentos, porque grande será su recompensa en el cielo. Pues así también persiguieron a los profetas que fueron antes que ustedes"* (vv 10-12)

Estas dos últimas bienaventuranzas anuncian la persecución para quienes procuran construir la justicia en el mundo. La persecución es el resultado de la confrontación de los valores de este mundo con los valores del evangelio. El mismo Jesús será perseguido, como lo fueron también los profetas.

La persecución por motivos religiosos es una experiencia muy antigua y conocida en la Biblia. Los salmos recuerdan constantemente este tema (por ej., Sal 7, 2; 22, 35; 57; etc.), como también muchos otros libros bíblicos (Jr 15, 15; 26, 7-24; Os 9, 8; Am 7, 10ss, etc.).

Según el espíritu veterotestamentario, a toda violencia debía responderse con una violencia igual. Era la ley del talión: "*Ojo por ojo y diente por diente*" (Ex 21, 24; Dt 19, 21; Lv 24, 19-20).

También la venganza divina era invocada contra los perseguidores.

En estas dos últimas bienaventuranzas, Jesús cambia totalmente dicha óptica; da una respuesta nueva a la violencia y hace de la persecución una feliz condición para conseguir el Reino. La enseñanza y la práctica de Jesús son ejemplos de esa nueva práctica evangélica ante la persecución (Mt 5, 4; 10, 22; Lc 9, 22; 18, 32-34; 21, 12).

### Conclusión a este último grupo

No se vence la violencia con la violencia, sino con el amor. El discípulo de Jesús que intenta vivir la novedad del evangelio no puede esperar un tratamiento diferente al que dieron a los profetas desde los antiguos hasta el más reciente: Juan el Bautista (Mt 14, 3ss): la persecución y la muerte. Quien vive en este mundo la ley del amor hasta la persecución tendrá la alegría no sólo de compartir la suerte de Jesús y de los verdaderos profetas, sino sobre todo de conquistar el Reino de los cielos (Lc 21, 19; Mt 10, 17-33).

Finalmente, la expresión "a ellos les pertenece el Reino de los cielos" es una inclusión temática en las bienaventuranzas, es decir, es la idea presente en el comienzo y en el fin del discurso de Jesús. Encierra todo el discurso (vv 3-10). La inclusión temática es una recurso literario semita para subrayar la unidad de un texto. En el sermón de la montaña el tema fundamental es el "Reino de los cielos" y las bienaventuranzas son el camino para llegar a él.

# 52

## ¿Todo cuanto en el evangelio de Mateo se narra como milagro, lo es?

Hablar de los milagros de Jesús en los evangelios es pisar terreno arriesgado y peligroso. Las opiniones de los autores van desde la aceptación de todo lo que se narra como verdadero milagro realizado por Jesús, hasta el otro extremo de negarlo todo. Los milagros serían fenómenos explicables hoy a la luz de las ciencias modernas.

La teología dice que el milagro es "un fenómeno de la naturaleza que transciende las causas naturales, de modo que debe ser atribuido a una intervención directa de Dios"[68].

¡Si consideramos como milagros todas las intervenciones de carácter prodigioso hechas por Jesús, deberíamos decir, según la definición teológica que trajimos, que Jesús interfiere tanto las leyes de la naturaleza que convierte en sobrenatural lo natural! El milagro es una intervención excepcional de Dios en las leyes constantes de la naturaleza y no una intervención trivial y habitual.

Partiendo de este enfoque, podemos anticipar que no todo lo narrado como milagro en los evangelios es de hecho milagro; como tampoco podemos negar la posibilidad de la existencia de milagros en el evangelio.

Los milagros de Jesús son narrados por los cuatro evangelistas. Cada uno de ellos, empero, tienen su propia óptica teológica al escribir su evangelio, como ya se dijo.

Sin embargo, todos los evangelistas tienen la misma intención teológica al relatar los hechos milagrosos de Jesús: mostrar que el reino de Dios está presente en la persona de Jesús: "... *Conviértanse, porque el Reino de los cielos está cerca*" (Mt 4, 17); "Se ha cumplido el tiempo. El reino de Dios ha llegado..." (Mc 1, 15). También quieren los evangelistas mostrar que este Reino se

---

68. Cf *Mckenzie*, J. L. *Op. cit.*, Art. "milagro", p 611.

enfrenta al reino del mal: *"¿...Qué tenemos nosotros con Ud. Hijo de Dios?* ¿Ha venido aquí para atormentarnos antes de tiempo?" (Mt 8, 29); *"Los setenta y dos volvieron llenos de gozo: 'Señor, hasta los demonios se nos sometían en su nombre'"* (Lc 10, 17). Finalmente, quieren enfatizar que nadie puede quedarse indiferente ante este enfrentamiento, deberá tomar partido: *"Quien no está conmigo está contra mí y quien no recoge conmigo, desparrama"* (Mt 12, 30; Mc 9, 40). El reino de Dios vencerá, ciertamente, al reino del mal. Este es el sentido de las incontables expulsiones de demonios.

Si la señal del reino de Dios en el mundo es Jesús, el Hijo de Dios, Salvador, la señal del reino de mal, de Satanás, son todas las fuerzas negativas que actúan también en el mundo.

Con la narración de tantos milagros en su evangelio, Mateo quiere mostrar que Jesús tiene fuerza, dominio y poder sobre todas las fuerzas del mal. Para Mateo, los milagros son el medio y el instrumento que manifiestan la acción poderosa de Jesús. Son la señal de la presencia del reino de Dios en el mundo; la señal de la fuerza positiva que es Jesús, el Señor.

Mateo trabaja didácticamente con la narración de los milagros. Compendia nueve milagros fundamentales, divididos en grupos de a tres. Hay tres milagros hechos durante la marcha desde el monte de las bienaventuranzas hasta Cafarnaún (8, 1-15) y son la curación de un leproso, la curación del siervo del centurión y la curación de la suegra de Pedro.

Cuando Mateo concluye este primer grupo, hace una observación literaria: *"Atardecía cuando le trajeron muchos poseídos; él expulsó a los espíritus con una palabra y curó a todos los enfermos"* (8, 16).

Luego de un intervalo en el que aparecen dos preguntas que se le hacen a Jesús (8, 18-22), Mateo inserta otro grupo de tres milagros (8, 23-24; 9, 1-8): la tempestad calmada, la expulsión de dos demonios y la curación de un paralítico.

El núcleo de este grupo es la expulsión de los demonios, es decir, el reino de Satanás es derrotado: los demonios son expulsados.

Cuando Mateo concluye este segundo grupo, hace otra observación literaria: *"Viendo esto, las multitudes se llenaron de temor y dieron gloria a Dios que dio tal poder a los hombres"* (9, 8).

Enseguida viene la tercera serie de otros tres milagros (9, 18-34): la resurrección de la hija de Jairo, la curación de dos ciegos y la curación de un poseído mudo.

Mateo concluye la narración con otra observación: "Jesús recorría todas las ciudades y aldeas enseñando en las sinagogas, predicando la buena noticia del Reino y curando toda clase de dolencias y enfermedades" (Mt 9, 35)[69].

La enumeración de tantos milagros y las observaciones que Mateo va haciendo tienen una única dirección: apuntar a la persona de Jesús. El es el Señor de la naturaleza, del cosmos, de los hombres, de todas las criaturas. Las observaciones literarias que hace son una especie de sumario de los milagros realizados. Su insistencia en los milagros de Jesús tienen una intención: hacer que el creyente se acerque más a la persona de Jesús. El único y verdadero milagro real para Mateo es Jesús, como presencia del reino del Padre en medio de los hombres. "Para Mateo, la figura de Jesús es la presencia y el resplandor de Dios sobre la tierra; sus palabras son anuncio del Reino; sus prodigios muestran que la fuerza salvadora penetró entre los hombres"[70].

Los milagros narrados hasta ahora son de diversos tipos: *curaciones* de enfermos y de paralíticos, *expulsión* de demonios, *poder sobre los elementos* (tempestad calmada) y la *resurrección* de un muerto.

Mateo cuenta también otros milagros semejantes, pero esporádicamente, como curaciones de enfermos (12, 9-13; 14, 34-36; 15, 21-31; 17, 14-18; 20, 29-34), expulsión de un demonio (15, 21-31) y de poder sobre los elementos (14, 22-35; 21, 18-19).

Hay aún otros dos grupos de milagros de Jesús que Mateo nos cuenta: los de la multiplicación de los panes (14, 13-21; 15, 32-38)

---

69. Cf *Leeuw*, V de. *L'uomo moderno di fronte alla Bibbia*. Roma: Ed. Săn Paulo, 1981, pp 88-90.

70. *Pikasa*, J. *A teologia de Mateus*. São Paulo: Ed. São Paulo, 1984. p 60.

y el de la transfiguración (17, 1-9). Dos milagros que deben entenderse como geniales elaboraciones teológicas de Mateo para traducir algunas verdades fundamentales de la predicación y de la vida de Jesús: él es el alimento de todo hombre creyente; y cuando el hombre acepta a Jesús, él se transfigura, muestra su rostro divino y fascinante.

En el NT los milagros de Jesús tienen diversos nombres: actos que llaman la atención y provocan la admiración, llamados *thaumasia* (= cosas maravillosas), como por ejemplo el milagro de la tempestad calmada (8, 27); fuerzas que manifiestan su poder, llamadas *dynameis* (= poderes) ésta es la designación más común para los milagros; y finalmente *señales*, llamados *semeia*. La señal esconde una realidad.

El término más usado es *dynameis* (= poderes).

Los diferentes nombres indican realidades diferentes o puntos de vista. No todo lo relatado como milagro lo es de hecho. Los prodigios realizados por Jesús y los apóstoles son obras del poder de Dios.

Es necesario, sin embargo, observar que los milagros constituyen una parte sustantiva de los evangelios y que están unidos a la enseñanza de Jesús.

Los milagros son algo imposible para quien no cree. De ahí que se los haya llamado leyendas, mitos, modos de hablar de los evangelistas. Bultmann, por ejemplo, decía que lo sobrenatural es incompatible con el pensamiento moderno: por eso las ideas de milagro, encarnación, resurrección, son anticientíficas. Son mitos[71].

Actualmente, aunque aún haya mucha discusión en relación con la intención de los evangelistas en estos relatos, la exégesis y los críticos admiten que Jesús fue un taumaturgo y que realizó muchas curaciones, expulsiones de demonios y que tuvo poder sobre la naturaleza, ya que era el Hijo de Dios.

71. Cf *Rigaux*, B. *L'historicité de Jésus devant l'exégèse récente*, en RB 65 (1958), p 485.

Hay quien dice que las curaciones fueron hechas por sugestión de los mismos enfermos o por su fe en el poder de Jesús. *La historia de las formas*[72] afirma que la narración de los milagros procede de la comunidad primitiva y es una creación de la misma para hacer ver la importancia de Jesús y sus poderes extraordinarios, de la misma manera que eran importantes los relatos sobre los hechos por taumaturgos griegos y romanos.

Generalmente, la negación del milagro procede del preconcepto de la imposibilidad del milagro.

Los milagros de Jesús narrados en los evangelios están garantizados por el testimonio de testigos oculares y fidedignos. De hecho existieron actos considerados milagrosos por los discípulos o por el evangelista, pero que de hecho no lo eran. Podían explicarse como autosugestión, capacidad de las fuerzas físicas de la mente, etc. Otros actos considerados también como milagrosos son elaboraciones teológicas del evangelista. Pero, se dan igualmente curaciones de órganos físicos, como los ojos o curación de la fiebre, de la lepra, etc.; que no pueden realizarse por sola sugestión personal. También hay curaciones realizadas a distancia (Mt 8, 13), lo cual excluye toda posibilidad de sugestión.

Es necesario anotar que Jesús antes de realizar algún milagro exige siempre la fe, no sólo en su poder sino en su misión, en su persona y en Dios (Mc 2, 20; 5, 19); en ocasiones exige fe en realidades invisibles como por ejemplo en el perdón de los pecados (Mc 2, 10ss; Lc 7, 47s). Jesús no curaba en donde no había fe (Mc 6, 5); la fe era una condición indispensable para el milagro.

La expulsión de los demonios no puede considerarse como curación de neurosis, como diría una exégesis racionalista. Algunas personas que aparecen en los relatos como poseídos pueden, en realidad, mostrar señales de enfermedad neurótica o mental, pero no todos. Hay relatos de expulsión de demonios que resisten

---

72. *Historia de las formas* es el nombre de un método de interpretación de los evangelios sinópticos. Este método fue inventado y estructurado por Dibelius y Bultmann, dos biblistas protestantes alemanes. La finalidad del método es la de mostrar que todo el contenido de los evangelios procede de *ciertas formas tradicionales*, es decir, que detrás de los evangelios hay toda una historia literaria y tradicional.

toda caracterización como histeria, epilepsia o neurosis, como por ej., Mc 9, 14-29 y paralelos.

La expulsión de demonios representa un gran papel en la vida de Jesús. El poder de Jesús sobre el espíritu del mal, sobre los demonios, muestra que el reino de Satanás está destruido y que el reino de Dios está llegando (Mc 3, 23ss).

Los evangelistas distinguen entre enfermedades y posesiones diabólicas (Mc 1, 32; 3, 10ss; Mt 4, 24; 8, 16; Lc 4, 40; 6, 18ss; 7, 21). Jesús se dirige al demonio como a un ser racional, personal. Más aún: los milagros son considerados por los evangelistas como pruebas de la misión divina de Jesús (Mt 14, 33; 15, 31; Mc 15, 39; Jn 6, 14; 7, 31; 9, 16. 32s) y el mismo Jesús los realiza en ese sentido (Mc 2, 3ss; Mt 11, 2 y paralelos; Jn 5, 36; 10, 25; 11, 41s; 14, 12; 15, 24).

Jesús rechazó la idea de hacer milagros para causar admiración (Mt 4, 3-4; 12, 38-39). Se negó a hacerlos a quien los pedía sin fe, sólo como prueba de su misión o de su divinidad (Mc 8, 11-13; Lc 11, 29; Mt 16, 4).

Negar en bloque los milagros de Jesús es negar los evangelios. Los milagros son parte integrante de su misión; son inseparables de la historia de Jesús. La actividad de Jesús, su doctrina y controversias con los judíos tenían siempre como motivo sus milagros o se apoyaban en ellos. Los evangelistas están aún próximos a los hechos narrados, Juan, en una de sus cartas dice que anuncia lo que ha visto, oído, tocado y contemplado (1Jn 1, 1-3). Lucas afirma que consultó las fuentes más seguras para transmitir fielmente lo que Jesús había hecho y dicho. (Lc 1, 1-3). Todo esto garantiza la autenticidad, integridad y veracidad de los relatos evangélicos.

Los milagros de Jesús son clasificados en varios tipos, como ya lo dije: milagros sobre la naturaleza, expulsiones de demonios, curaciones, resurrecciones de muertos. Cada milagro debe ser estudiado y discutido en su texto, en su contexto próximo y en el contexto de toda la Escritura, teniendo siempre presente la historia, el estilo literario, la finalidad teológica del evangelista, etc. Milagros significativos como la multiplicación de los panes, la transfiguración, la resurrección del Señor, tienen un fondo histórico-literario-teológico que debe tenerse presente en cada uno de ellos. En la base de todos está, de todas maneras, el poder de Jesús sobre las personas, los seres y las cosas[73].

Actualmente, ya se dijo, se discute mucho sobre los milagros de Jesús. Se está dando un cambio de enfoque: de lo apologético a lo teológico. Y existe mucho interés en profundizar este estudio. En el reciente *Elenco bibliográfico bíblico* publicado en 1987, hay indicadas decenas de artículos y de libros recientes que tratan de los milagros de Jesús en los evangelios y en Mateo de modo especial. Son discutidos desde todos los aspectos[74].

*Conclusión*: los milagros son anticipaciones de la salvación escatológica: el hombre ante el poder de Dios debe optar. Son señales que nos revelan el poder de Dios. Muestran aquí en la tierra que la realidad futura será toda bella, sin mancha ni desviaciones que exijan corrección.

# 53
## ¿Las palabras que Jesús dijo a Pedro: "Tú eres Pedro y sobre esta piedra edificaré mi Iglesia", son realmente prueba de que el papa es el jefe de la Iglesia fundada por Jesús?

Antiguamente esta cuestión era muy polémica. El texto bíblico se usaba apologéticamente o para afirmar o para negar la primacía de la Iglesia de Roma y del papa sobre las demás iglesias y obispos. Actualmente aunque el papa no sea siempre reconocido como el jefe de la Iglesia de Cristo ni la Iglesia católica como la única Iglesia de Jesucristo, esta cuestión no se discute ya en términos apologéticos, sino teológicos. Se trata de entender actualmente, en su contexto, lo que significa la expresión de Jesús.

Damos aquí algunas explicaciones sin ninguna pretensión polémica[75].

73. Cf. Mussner, M. *I miracoli di Gesú*. Brescia, 1969.

74. Cf. *Elenchus bibliographicus biblicus*. 65, 1984, pp 257-269.

75. Sobre el tema cf *Boff*. L. *Eclesiogênese*. Ed Vozes, 1977. pp 56-64: *Dizionario dei Concetti biblici del Nuovo Testamento*. Art. "Roccia", pp 1600-1602; *Schiwy*, G. *Op. cit.*, pp 200-202; *Nuovissima versione della Bibbia*. NT I, I *Quatro Vangeli*, pp 190-191; *Comentario bíblico "San Jerónimo"*, III, vol I, p 238.

Los libros del AT llaman a Dios roca de Israel, cimiento de Israel. Por ej., el Deuteronomio dice: *"Jacob come, se sacia, engorda Yesurun, se revela... rechaza a Dios, su hacedor, desprecia la Roca, su salvación".* Los Salmos dicen: *"Yavé, mi roca y mi baluarte, mi liberador, mi Dios"* (Sal 18, 3); *"Tú eres mi roca y mi baluarte..."* (Sal 31, 4). Esta designación de Dios, como roca y cimiento de Israel, pasó luego a un hombre: Abrahán. El profeta Isaías escribió: *"Préstenme oídos, seguidores de lo justo, los que buscan a Yavé. Reparen en la peña de donde fueron tallados y en la cavidad de pozo de donde fueron excavados. Reparen en Abrahán su padre y en Sara que los dio a luz; pues uno solo era cuando lo llamé, pero lo bendije y lo multipliqué"* (Is 51, 1-2).

En el NT se da el mismo proceso: los libros del NT llaman a Jesús *roca*. "De hecho, la roca definitiva de la Iglesia es evidentemente Jesús, del mismo modo que el AT llama a Dios 'Roca de Israel'" [76].

Jesús es considerado en los escritos del NT como "piedra angular" (Mt 21, 42; Mc 12, 10; Lc 20, 17; Hch 4, 11; 1P 2, 4-8; Rm 9, 32-33; Ef 2, 20; 1Co 10, 3-4). El es la base, la piedra viva, elegida, preciosa a los ojos de Dios; él es el fundamento de la comunidad, de la Iglesia de Dios.

El evangelio de Mateo, que es el evangelio eclesial, da tal nombre a Pedro, como lo hizo el profeta Isaías (Is 51, 1-2) al designar a Abrahán como roca de Israel. Tenemos así la siguiente correspondencia:

EN EL AT: ROCA ⟶ DIOS ⟶ ABRAHAN
EN EL NT: ROCA ⟶ CRISTO ⟶ PEDRO

Aquí, en el texto de Mt 16, 18, hay un juego de palabras: *Pedro/piedra.* Según los evangelistas Marcos y Juan, Jesús dio a Simón el sobrenombre de Pedro (Mc 3, 16; Jn 1, 42). En Mt Simón es llamado Pedro desde la primera vez que se lo nombra (Mt 4, 18). Por eso, en el pasaje Mt 16, 18 el nombre no es con-

---

76. *Schiwy,* g. *Op. cit.,* p 200.

ferido sino interpretado por Jesús. Sabemos por otros textos del NT que el nombre arameo *kefas* (= roca, piedra) es traducido por *Pedro* (1Co 1, 12; 3, 22; Jn 1, 42).

Todos los evangelista narran la confesión de fe mesiánica de *Pedro-piedra*. Esto llevó a algunos exegetas a negar la autenticidad de ese dicho de Mateo, atribuyéndolo a una interpolación de la Iglesia primitiva con finalidad apologética, es decir, para probar que la Iglesia de Roma sí tenía la primacía sobre las demás. En 1952 el teólogo y exegeta alemán protestante Oscar Cullmann demostró en su libro que el texto de Mateo es auténtico y que de hecho designa a la persona de Pedro como el fundamento de la Iglesia[77].

*¿Cuál es el sentido de este dicho del Señor?*

Como se anotó anteriormente, las palabras de Jesús a Pedro fueron usadas apologéticamente a partir del s III por los papas para legitimar la primacía del papado en la Iglesia. Pero el texto no quiere decir precisamente eso. Jesús no pensaba ciertamente en la aristocracia jerárquica, cuando dijo estas palabras a Pedro.

En el texto de Mt 16, 18 Jesús no habla del fundamento de la Iglesia, sino de la construcción de la Iglesia. Tal Iglesia será construida sobre Pedro. Este no será el fundador, sino la base sobre la cual el fundador, Jesús, edificará su comunidad.

Pablo reconoce a Pedro como el apóstol intérprete del poder apostólico (Ga 2, 8). En Ga 2, 14 muestra que la verdad está por encima de los apóstoles. Y sobre esta verdad se apoya el poder apostólico de Pedro, que a su vez se fundamenta en Jesús, el único y verdadero fundamento de la Iglesia.

Tanto católicos como protestantes no ven en el pasaje una afirmación de que la Iglesia esté fundamentada sobre la persona de Pedro, sino que el fundamento de la Iglesia es Jesús, la eterna e inmutable verdad, expresada en la confesión de Pedro[78].

77. *Cullmann*. O. *Il primato di Pietro*. Bologna: Il Mulino, 1965.

78. Cf *Dizionario deli Concetti biblici del NT*, pp 1601-1602.

El texto muestra que Pedro es la piedra sobre la que Jesús edificará su Iglesia, pero no que sea el fundamento de la Iglesia.

La razón por la que Pedro es llamado *roca, piedra*, es su confesión de fe en Jesús mesías no sólo en ese momento, sino, y sobre todo, por su testimonio de fe en la resurrección de Jesús, después de pascua[79].

Este texto, discutido aún hoy desde su aspecto teológico, es bastante antiguo y no es el fruto de una interpolación posterior para legitimar el poder de Pedro. La figura de Pedro surge de manera especial desde las primeras páginas de los evangelios. Es el primero en la lista de los doce y es mostrado como el *primero* y no solo como "uno de los apóstoles" (Mt 10, 2); es quien aparece más cercano a Jesús: es testigo de la transfiguración (17, 1), de la pasión (26, 38); su casa es la residencia de Jesús en Cafarnaún (4, 13); es el portavoz de los discípulos en momentos importantes, como en Cesarea de Filipo (16, 16), en Cafarnaún (Jn 6, 68); a él se debe transmitir el primer anuncio de la resurrección de Jesús (Mc 16, 7; Jn 20, 3-7), es a él a quien se aparece de primero Jesús después de la resurrección (Lc 24, 34; 1Co 15, 5).

Este dicho de Jesús no se refiere al papa como jefe de la Iglesia de Cristo, sino a la construcción de la Iglesia: ella se construye sobre Pedro. Esta es la *roca, la piedra* por su fe, como también por ser el primer testigo de Jesús resucitado. Es la *roca* o *piedra* porque es la autoridad doctrinal en la Iglesia. Sobre él, es decir, sobre su fe y su testimonio se construye la Iglesia. "El es el representante y el garante de la doctrina de Jesús y de su interpretación"[80].

La exégesis del texto es difícil. Las corrientes de interpretación son muchas, tanto de la parte católica como de la parte protestante.

Lo dicho aquí fue tomado de la exégesis católica actual.

---

79. Cf *Boff*, L. *Eclesiogênese*, p 61.
80. *Boof*, L. *Eclesiogênese*, p 61.

# 54
## ¿Qué fue la transfiguración de Jesús?

La transfiguración de Jesús sobre el monte Tabor está descrita en los tres sinópticos: Mt 17, 1-8; Mc 9, 2-8; Lc 9, 28-36. En las narraciones hay pequeñas diferencias. Mateo, por ejemplo, habla del resplandor del rostro de Jesús; Marcos habla de la blancura de sus ropas; Mateo no dice nada sobre la ignorancia de Pedro y del miedo de los discípulos, como lo hace Marcos. Son pormenores poco importantes.

Transfiguración significa transformación, cambio de la persona. En los evangelios significa el estado glorioso, sobrenatural, en el que Jesús se presentó a los apóstoles en el Tabor.

La transfiguración es un relato de teofanía. Es un modo literario con el que los evangelistas pintan la divinidad de Jesús y su manifestación a los apóstoles. El núcleo de la narración es éste: Jesús es Dios, manifiesta su divinidad y es reconocido como tal por los apóstoles.

Un relato teofánico paralelo a éste es el relato del bautismo de Jesús.

Muchos autores opinan que el relato de la transfiguración es pos-pascual, es decir, que se hizo después de la resurrección de Jesús, cuando los discípulos entendieron quién era el Resucitado. Después, proyectaron en la vida de Jesús histórico la experiencia que tuvieron solamente después de la resurrección.

La gran mayoría de los estudiosos, sin embargo, no están de acuerdo con esta opinión, ya que literaria y teológicamente el relato se parece mucho más a las narraciones del éxodo sobre la manifestación del Señor a Moisés en medio de las nubes (Ex 24, 15-18) que a las narraciones sobre la resurrección. Más aún: el carácter fuertemente simbólico que impregna todo el relato hace ver que aquí se trata más de una narración simbólica y teológica que histórica[81].

81. Cf *Comentario bíblico "San Jerónimo"* III, vol I, p 241.

Esta posición no disminuye absolutamente la fe y la credibilidad en los evangelios. Siempre debe tenerse en cuenta el género literario y la perspectiva teológica de cada evangelista, cuando escribieron ellos sus evangelios.

El punto central, el núcleo de la narración es verdadero, real, histórico: fue la experiencia sensible, real, que tuvieron los discípulos de que Jesús es Dios, el Hijo de Dios. Para trasmitir tal verdad, los evangelistas se valieron del lenguaje teofánico y de la simbología, adecuados a su intención teológica.

En el relato de Mateo, aparece claro el paralelismo que él establece con elementos y personas del AT. Su evangelio quiere ser el nuevo Pentateuco, como se dijo: Moisés = Jesús; ley antigua = nueva ley; pueblo antiguo = nuevo pueblo de Dios, Iglesia; tierra antigua = reino definitivo. En este relato emplea los mismos elementos históricos de las narraciones del Exodo, entendidos ahora en una nueva perspectiva: Sinaí=Tabor; AT simbolizado por Moisés (=Ley) y Elías (=Profetas), testifica ahora sobre la divinidad de Jesús. Mateo muestra cómo ahora la Ley y los Profetas se cumplen en Jesús.

Esta toma de conciencia de los discípulos sobre la divinidad de Jesús puede situarse en el tiempo pos-pascual, pero como el final de un proceso de conocimiento de los discípulos acerca de la mesianidad de Jesús que se iba revelando. Pese a su pasión y a su muerte, Jesús era realmente el mesías prometido y enviado. La resurrección de Jesús completó dicho proceso de conocimiento; no fue la causa de la fe de los discípulos en la persona de Jesús.

La transfiguración es también para los evangelistas una revelación de la gloria de Jesús aquí. Es una anticipación de la revelación definitiva de Jesús, que se realizará en la parusía, es decir, al final de los tiempos (Mt 24, 30; Mc 13, 24-27; Lc 21, 25-27).

Aquí pueden observarse los elementos típicos de un relato de teofanía: *la nube*, como señal de la presencia de Dios (Ex 24, 16= Mt 4, 16 y 17, 5); el *monte alto* (Ex 19, 2-4= Mt 17, 1); la *voz desde el cielo* (Ex 19, 3= Mt 17, 5); el *miedo* del pueblo o de los discípulos ante lo maravilloso (Ex 20, 18= Mt 17, 6). Todos estos elementos forman el molde para la manifestación de Dios, la teofanía.

184

Podemos concluir diciendo que la transfiguración de Jesús no aconteció como se la imagina a veces: Jesús en lo alto del monte Tabor, con los brazos abiertos, se va volviendo lentamente transparente, brillante, nimbado de luces y de nubes. Tal imagen es más cinematográfica que real.

Sin embargo, la transfiguración sí aconteció como realidad teológica, como manifestación de Jesús, de su divinidad, públicamente, a los discípulos. Esto fue un proceso lento. Al principio, los apóstoles se mostraron incrédulos, dudaban de Jesús. Los evangelios llaman a este estado *ceguera*. Lentamente, Jesús los va adoctrinando, les va enseñando la verdad que hace libre, les va abriendo los ojos. Los evangelistas llaman a este estado *cura de ciegos*. De repente, los apóstoles intuyen, perciben a la luz de la fe quién era Jesús; entonces sus ojos se abren al Señor; lo captan como el mesías, el Señor. Se maravillan con este descubrimiento y desean quedarse con él para siempre. Los evangelistas llaman a este cambio *transfiguración*. Jesús se cambió, se transfiguró para ellos, es otro. Realmente es el Hijo de Dios.

## 55
### El capítulo 24 de Mateo habla de lo que sucederá al final del mundo. Son cosas que producen miedo. ¿Sucederá todo eso así?

Esta pregunta ocasionó la publicación de muchos artículos y libros. Aquí trataremos de resumir las opiniones de los estudiosos actuales sobre este importante discurso de Jesús que abarca dos capítulos en el evangelio de Mateo (24-25).

Estos dos capítulos forman el discurso de Jesús sobre los *últimos acontecimientos*. Se es llamado *discurso escatológico*[82].

Este discurso es el último de los cinco discursos, según la estructura de Mateo.

---

82. *Discurso escatológico* quiere decir: un discurso que trata del fin del mundo y de la humanidad; o también de las últimas cosas que van a suceder. En griego escatología quiere decir: tratado sobre las últimas cosas.

El evangelio de Mateo se estructura sobre cinco grandes discursos de Jesús.

1. *Discurso programático*: lo que es el Reino de los cielos (5-7).
2. *Discurso de la misión*: sobre las características del misionero de ese Reino (10).
3. *Discurso central*: sobre el misterio del Reino: las parábolas (13).
4. *Discurso eclesial*: la realización del Reino en la comunidad (18).
5. *Discurso escatológico:* los acontecimientos finales, la plenificación del Reino (24-25).

Volvamos al discurso escatológico: tiene la misma base teológica que el capítulo 13. Mateo introdujo en el último discurso de Jesús todas las enseñanzas suyas y de la Iglesia apostólica sobre la escatología, es decir, sobre los últimos acontecimientos finales.

La manera de narrar es la misma de los relatos escatológicos del tiempo de Jesús. Empleó este gran discurso para hacer una catequesis. Por eso desarrolló bastante la parte llamada parenética o exhortativa.

Generalmente, el discurso de divide en dos partes: una, que abarca el discurso sobre el fin del mundo, o discurso escatológico propiamente dicho (24, 1-36); esta parte aparece igualmente en los otros sinópticos (Mc 13, 1ss; Lc 21, 5-36); otra, que es propia de Mateo y que acentúa la vigilancia y habla de la escatología individual (24, 37-26, 46).

PRIMERA PARTE: *el discurso escatológico.*

Podemos subdividirlo así:

a) Palabras de Jesús sobre la destrucción del templo (24, 1-2).
b) Preguntas sobre la destrucción del templo y sobre la señal que lo precederá (24, 3).
c) Aparición de falsos mesías (24, 4-14. 13-28).
d) La señal decisiva del "fin del mundo" (24, 15-22).
e) La parusía o venida del Señor (24, 29-31).
f) Tiempo en el que sucederán todas estas cosas (24, 32-36).

SEGUNDA PARTE: *la escatología individual o fin de cada uno*.

a) Prepararse para la venida del Señor (24, 37-25, 30).
b) El juicio final (25, 31-46).

No vamos a hacer grandes y profundos comentarios a estos dos capítulos, pues no sólo sobrepasa nuestros límites, sino también los de este trabajo. Presentaremos una síntesis teológico-bíblica del relato de Mateo. En la exposición seguiremos la división que propusimos.

*PRIMERA PARTE*

a) Palabras de Jesús sobre la destrucción del templo (24, 1-2)

"Salió Jesús del templo y, cuando se iba, se le acercaron sus discípulos para mostrarle las construcciones del templo. Pero él les respondió: ¿Ven todo esto? Les aseguro: no quedará aquí piedra sobre piedra que no sea derruida".

Jesús responde a la pregunta de los discípulos. Estos se refieren a la reforma que Herodes le hizo al templo en el año 19 aC. Esta reforma ya se había terminado en el tiempo del ministerio de Jesús; la decoración y el embellecimiento duraron unos años más, hasta el 66 dC, poco antes de que el templo fuera destruido definitivamente.

La admiración de los discípulos es comprensible, pues de hecho las piedras usadas en la restauración del templo eran colosales. Aún hoy pueden verse ejemplares de estas piedras en Jerusalén y en otros lugares de Palestina.

La respuesta de Jesús no es la que ellos esperaban a su admiración, sino una predicción muy sombría: *"Les digo: no quedará aquí piedra sobre piedra que no sea derruida"* (v 2).

Algunos autores opinan que Jesús esperaba un cataclismo inminente que, destruyendo el templo, vengaría su rechazo. Esto no es exacto. Otros dicen que Jesús estaba usando una imagen apocalíptica tomada de los profetas que preveía el fin de Jerusalén[83].

Jesús, seguramente, está evocando un dato tradicional, conocido en la historia religiosa de Israel: el pueblo de Israel estaba convencido de que Dios estaba con él, a pesar de que no viviera lo que decía creer, y que el templo era la señal indestructible de esa presencia de Dios en medio de él. Jesús entonces retoma las antiguas amenazas proféticas según las cuales el templo y la ciudad serían destruidas por causa de la fe descomprometida y mágica del pueblo, y por los pecados del mismo. Los profetas decían:

"Por eso, por culpa de ustedes, Sión será un campo que se ara, Jerusalén será un montón de ruinas y el monte de la Casa un otero salvaje" (Mi 3, 12);

y otro profeta escribió:

"¡Cómo, ay, se ha deslucido, el oro se ha alterado, el oro mejor! Las piedras sagradas están, ¡ay!, esparcidas por las esquinas de las calles" (Lm 4, 1).

El sentido de las palabras de Jesús es claro: en el templo no quedará piedra sobre piedra, es decir, el templo será destruido como lo habían predicho los profetas.

b) Pregunta sobre la destrucción del templo y la señal que lo precederá:

"Estando luego sentado en el monte de los Olivos, se acercaron a él en privado sus discípulos y le dijeron: "Díganos cuándo sucederá esto y cuál será la señal de su venida y del fin del mundo" (24, 3).

---

83. Cf *The Anchor-Bible-Mathew*. N. York, 1971, Comentario a 24-1-2.

La pregunta tienen la intención de satisfacer una curiosidad: cuándo será el fin del mundo, cuál será la señal que lo precederá y cuándo será la segunda venida del Señor.

La expresión "venida del Señor" la trae solamente Mateo y sólo aquí en estos capítulos. El término que usa es *parusía*. En el NT esta palabra es un término técnico para indicar la segunda venida del Señor. Pablo la usa 14 veces.

Con base en esta pregunta, Mateo elabora todo un discurso escatológico, que vamos a explicar:

*c*) La aparición de falsos mesías:

"Jesús les respondió: 'Miren que nadie los engañe. Porque muchos vendrán, usurpando mi nombre y diciendo: 'Yo soy el Cristo' y engañarán a muchos. Oirán también hablar de guerras ¡Cuidado con alarmarse! Porque eso es necesario que suceda, pero todavía no es el fin. Pues se levantará nación contra nación y reino contra reino y habrá en diversos lugares hambre y terremotos. Todo eso será el comienzo de los dolores del alumbramiento.
Entonces los entregarán a ustedes a la tortura y los matarán y serán odiados de todas las naciones por causa de mi nombre. Muchos se escandalizarán entonces y se traicionarán y se odiarán mutuamente. Surgirán muchos falsos profetas, que engañarán a muchos. Y al crecer cada día más la iniquidad, la caridad de la mayoría se enfriará. Pero, el que persevere hasta el fin, ese se salvará.
Se proclamará la Buena Noticia del Reino en el mundo entero, para dar testimonio a todas las naciones. Y entonces vendrá el fin'" (24, 4-14).
"Entonces, si alguno os dice: 'Mirad, el Cristo está aquí o allí', no lo creáis. Porque surgirán falsos cristos y falsos profetas, que harán grandes señales y prodigios, capaces de engañar, si fuera posible, a los mismos elegidos. ¡Mirad que os lo he predicho!
Así, que si se os dice: 'Está en el desierto', no salgáis; 'Está en lo interior de las casas', no lo creáis. Porque como el relámpago sale por el oriente y brilla hasta el occidente, así será la venida del Hijo del hombre. Donde esté el cadáver, allí se juntarán los buitres'" (24, 4-14. 23-28).

El fin del mundo estará precedido por la aparición de los falsos profetas y los falsos mesías. La respuesta de Jesús muestra que falsos profetas y mesías siempre ha habido y habrá. Por eso, es necesario el discernimiento. En la respuesta de Jesús hay una referencia histórica a los "libertadores mesiánicos" de su tiempo, como Teudas, Judas el Galileo y otros patriotas exaltados (Hch 5, 36-37) que se rebelaron desorganizadamente contra la dominación romana y fueron masacrados.

Las palabras de Jesús no tienen nada especial aquí: son apenas un "lugar común" de la literatura apocalíptica que habla de guerras, terremotos, hambre, destrucción, como señales del fin del mundo. Jesús dijo aquí, que antes del fin del mundo aparecerán también esas señales, como también aparecerán los falsos mesías, que dirán que ellos son el Cristo. El retorno del mesías, la parusía, se realizará luego de un largo proceso histórico. Jesús no especifica el tiempo en el que sucederán estas cosas.

El conjunto de sus palabras sobre la aparición de los falsos profetas, las guerras, el hambre, los terremotos, etc., es, como se dijo, un modo de hablar y de escribir muy utilizado en su tiempo, llamado "estilo apocalíptico", pues habla de los últimos acontecimientos de la historia. Los autores apocalípticos usaban mucho las imágenes, las "visiones" para hablar de los últimos acontecimiento. ¡Ellos conocen los últimos acontecimientos por revelación de Dios!

Todas las señales anunciadas por Jesús son llamadas "dolores": *"Todo esto será el comienzo de los dolores"* (v 8).

Aquí el término "dolores" tiene dos significados: uno negativo de sufrimiento, angustia y otro positivo de alegría, de felicidad: son "dolores de parto". De los dolores de parto, surge una nueva vida (Is 66, 8; Jn 16, 20-22).

Los falsos profetas que aparecerán antes del fin del mundo serán los responsables de la disminución del amor, de la caridad y por consiguiente responsables también del aumento de la injusticia. La persecución de los justos es también un tema de la literatura apocalíptica, tanto del AT como del NT (Ap 2, 10).

Y Jesús afirma que "se proclamará la Buena Noticia del Reino en el mundo entero... Y entonces vendrá el fin" (v 14).

¡A juzgar por el sentido literal de las palabras de Jesús, el fin del mundo está muy lejano aún! ¡Después de dos mil años de evangelización y de predicación sólo una quinta parte de la humanidad conoce el evangelio! Por eso el versículo no puede tomarse al pie de la letra. Es una manera hiperbólica de hablar, pues la expresión "en todo el mundo" se refiere al mundo greco-romano. El evangelio debía predicarse al mundo conocido y de ahí a todos los demás pueblos.

El "fin" a que alude el versículo no es, pues, el fin del mundo, según algunos autores[84], sino el fin del judaísmo como nación, como pueblo elegido. Cuando el evangelio haya sido predicado al mundo greco-romano, la nación judía dejará de ser la única nación escogida; la salvación rechazada por los judíos se ofrecerá a todos los pueblos.

d) La señal decisiva del "fin del mundo":

> "Cuando vean, pues, la abominación de la desolación, anunciada por el profeta Daniel, erigida en el Lugar Santo (el que lea que entienda) entonces, los que estén en Judea huyan a los montes; el que esté en el terrado que no baje a recoger las cosas en la casa; y el que esté en el campo, no regrese en busca de su manto.
> ¡Ay de las que estén encintas o criando, en aquellos días! Oren para que su huida no suceda en invierno ni en día de sábado. Porque habrá entonces una gran tribulación, cual no la hubo desde el principio del mundo hasta el presente, ni volverá a haberla. Y si aquellos días no se abreviasen, no se salvaría nadie; pero en atención a los elegidos se abreviarán aquellos días" (24, 15-22).

Las Biblias de *Jerusalén*, de *Vozes* y de *Ave María* ponen en su traducción de 24, 15, como la señal decisiva del fin del mundo, la aparición de la famosa "abominación de la desolación" predicha por el profeta Daniel (Dn 9, 27). La Biblia de la Liga de Estudios Bíblicos (LEB) traduce "abominable devastador".

La cita que Jesús hace de Daniel no se refiere a la señal decisiva del fin del mundo. Jesús habla de la destrucción de su país. Un

---

84. *Nuovissima versione della Bibbia*, NT I, p 320.

acontecimiento previsible en las circunstancias históricas que vivía. El fin de la nación judía servía también de imagen para hablar del fin del mundo. Y eso fue lo que él hizo. El texto no es, pues, precisamente una profecía sobre el fin del mundo.

El "abominable devastador" (o "abominación de la desolación"), a la que se refiere el texto es la estatua de Zeus olímpico, un dios griego que fue colocado en el templo de Jerusalén en el año 167 aC por Antíoco Epífanes IV (1M 1, 54). Esto constituyó una abominación, un sacrilegio y una clara señal de que Dios abandonaba a su pueblo, ya que entregaba el templo, su morada, a los paganos.

Jesús toma este acontecimiento histórico, conocido por todos, para decir que cuando la nueva abominación, la secularización del templo, acontezca, ésta será el claro fin de la nación judía.

Por la historia sabemos que el templo fue profanado. Fue transformado en una fortaleza militar durante la guerra judía que iniciaron los zelotes en el año 68 dC. Entonces, en el templo se cometieron graves hechos como la muerte de inocentes, profanaciones, etc. La "abominación de la desolación" de la que había hablado Daniel se repetía. Lucas no emplea esta expresión ni usa imágenes apocalípticas cuando habla de esto. El escribe a griegos y éstos no hubieran entendido este modo de escribir. En el discurso habla mejor de "ejércitos", "cerco a la ciudad". También son expresiones bíblicas perfectamente comprensibles para sus lectores griegos (Lc 21, 20).

Mateo quiere alertar a su comunidad sobre la inminencia del fin de la nación judía: cuando el templo sea profanado y cuando los ejércitos invadan a Jerusalén, entonces es necesario huir. El fin estará próximo.

El relato de Mateo muestra que esos acontecimientos serán locales: "En Judea" dice el v 16; los vv 17-19 completan dicha idea.

Los cristianos palestinenses, de acuerdo con el relato de Eusebio (*Historia eclesiástica* 5, 6), siguieron las prescripciones de Jesús y huyeron a la Trasjordania, a la ciudad de Pella, cuando empezaron a llegar las legiones romanas a Jerusalén.

Según Mateo, Jesús indica que es preciso huir a toda prisa y hace votos porque dicha huida no ocurra en sábado, día del reposo semanal, porque en ese día estaba prohibido caminar más de dos mil pasos, según los rabinos. Esto equivaldría a entregarse en manos de los dominadores.

Estas prescripciones tan pormenorizadas tienen sentido en el evangelio de Mateo que escribió para comunidades judeo-cristianas, muy apegadas todavía a la observancia de las tradiciones, especialmente a la del reposo en el día sábado. Lucas omitió estas particularidades, ya que ellas no le interesaban a sus lectores griegos.

La catástrofe de Jerusalén es considerada como la mayor tribulación. Y lo fue en verdad, pues entonces fue destruida la nación judía, cosa impensable para los judíos de entonces.

La conclusión de esta sección dice que los días serán abreviados a causa de los elegidos (v 22), es decir, que en medio de un pueblo infiel, muchos permanecieron fieles. Es el "resto de Israel" del que hablaron los profetas (Jr 30, 20; Ez 11, 13; Is 1, 9). Si la destrucción de la ciudad no se abreviara, es decir, no tuviera algún límite, ¡entonces hasta los justos desaparecerían! Pero la destrucción de la ciudad es un castigo temporal, parcial; muchos se salvarán huyendo y reconstruyendo el nuevo Israel.

La sección, pues, no narra el fin del mundo, sino el fin de la nación judía. Jesús empleó el lenguaje apocalíptico para hablar del fin de su pueblo. Cada evangelista elabora la manera como habla Jesús, de acuerdo con los lectores a los cuales está escribiendo.

En el lenguaje apocalíptico, se usan términos y acontecimientos históricos de su pueblo como imagen del fin del mundo. De este modo, Jesús se refiere al profeta Daniel cuando habla de "la abominación de la desolación" (Dn 9, 27; 11, 31; 12, 12), se refiere al libro de los Macabeos cuando aconseja que huyan para escapar a los invasores (1M 2, 28; 2M 5, 27); recuerda oráculos proféticos sobre el fin de la nación (Ez 7, 15-16; Mi 1, 2; Jr 4, 23-26; Is 13-14) y finalmente cita algunos textos de Daniel como consuelo y esperanza (Dn 12, 1).

Todos estos elementos se deben tener presentes cuando se haga el análisis de esta parte del discurso de Jesús, en Mateo.

Para finalizar esta sección: "Al decir que éste es el fin, Mateo mezcla la historia apocalíptica. Para entender su punto de vista tenemos que recordar que para la comunidad judeo-cristiana palestinense, de la que Mateo es aquí el portavoz, el colapso total que aparentemente se procesaba en el judaísmo de Palestina significaba verdaderamente el fin de su mundo. Un mundo en el que Yavé no recibiera culto de su pueblo en su país o en su templo, no era un mundo histórico. En el AT no se relataba ningún acto de juicio semejante, pues ahora no había más esperanza mesiánica de sobrevivir a tal ruina: el mesías había venido ya y su Reino había comenzado. Esta comunidad tenía posiblemente más clara conciencia que los cristianos-gentiles de la dimensión de crisis histórico-teológica que estaba en la base de la caída del judaísmo palestinense. Con el desastre se iniciaba, pues, una nueva fase del Reino"[85].

e) La parusía o venida del Señor:

"Inmediatamente después de la tribulación de aquellos días, el sol se oscurecerá, la luna no dará su resplandor, las estrellas caerán del cielo y las fuerzas de los cielos serán sacudidas. Entonces aparecerá en el cielo la señal del Hijo del hombre; y entonces se golpearán el pecho todas las razas de la tierra y verán al Hijo del hombre venir sobre las nubes del cielo con gran poder y majestad. El enviará a sus ángeles con sonora trompeta. Y reunirá de los cuatro vientos a sus elegidos, desde un extremo de los cielos al otro" (24, 29-31).

Como se dijo un poco antes, este término "parusía" significa "venida del Señor" y sólo lo emplea Mateo y únicamente en estos dos capítulos. Mateo describe la segunda venida del Señor empleando imágenes y términos apocalípticos tomados del AT. Descripciones semejantes se pueden leer en Is 13, 10; 27, 13; 34, 4; Za 2, 10; 12, 11-14. En el texto de Mateo hay una clara influencia de Dn 7, 13-14. Las convulsiones cósmicas pertenecen a las narraciones bíblicas sobre la manifestación de Dios y del juicio de Dios. En el NT, también aparece esta idea. Además del Apocalipsis, también Pedro usa estas mismas imágenes cuando describe el acontecimiento de Pentecostés (Hch 2, 16-21).

85. *Comentario bíblico "San Jerónimo"* III. NT I, pp 271-272.

Mateo dice que el Señor volverá un día. La señal del "Hijo del hombre" que aparecerá en el cielo es un modo de hablar para indicar al mismo Jesús. ¡Es el mismo que volverá un día! El evangelista retoma aquí a Dn 7, 13-14, en donde el profeta habla del misterioso personaje que vendrá de lo alto del cielo: "*Y he aquí que en las nubes del cielo venía como un Hijo de hombre...*". El mismo Jesús se refirió a esta expresión más explícitamente cuando estuvo delante del Sanedrín (Mt 26, 64).

La corte de ángeles es también propio de los relatos apocalípticos y teofánicos. También el mesías estaría acompañado por su cortejo (Mt 25, 31; Za 14, 5). Estos ángeles reunirán a todos los pueblos dispersos, al "toque de la trompeta" (elemento también apocalíptico, 1Ts 4, 15; Ap 8, 6), para la manifestación del Hijo del hombre.

El lenguaje simbólico quiere decir que al final de los tiempos todos los pueblos estarán reunidos para la solemne manifestación del Señor.

f) El tiempo de la parusía,
o el tiempo en el que se realizarán estas señales:

"Aprendan esta parábola de la higuera: cuando ya sus ramas están tiernas y brotan las hojas, sepan que el verano está cerca. Así también ustedes: cuando vean todo esto, sepan que él está cerca, a las puertas. Yo les aseguro que no pasará esta generación hasta que todo suceda. El cielo y la tierra pasarán pero mis palabras no pasarán.

Mas de aquel día y hora, nadie sabe nada, ni los ángeles de los cielos, ni el Hijo sino sólo el Padre" (24, 32-36).

En esta parte del discurso, Jesús responde a la parte de la pregunta de los discípulos sobre el "tiempo en el que sucederán tales cosas". No responde con fórmulas exactas o matemáticas, sino con imágenes y símbolos, pues el Reino de Dios no es del tiempo ni del espacio, sino que está en el tiempo y en el espacio.

De un modo general Jesús dice que el tiempo está próximo, pero la fecha es incierta. Y lo dice usando una parábola. El tiempo es pasajero, corre veloz; ¿qué son mil años para el Señor? (2P 3, 8). La fecha de la parusía no es determinada, pero llegará. Lo importante es esperarla con atención y vigilancia. Por eso, la segunda parte del discurso es esencialmente parenética, exhortativa, como se dijo.

La primera imagen que usa Jesús para hablar del "tiempo" es la higuera. Cuando tiene ramas y brotes nuevos, es señal de que pronto llegará el verano. Así Jesús dice: *"Cuando vean todas estas cosas, reconozcan que el Hijo del hombre está próximo, junto a su puerta"* (v 33). No sabemos qué quiso decir Mateo con "todas estas cosas". Anteriormente había dado una señal: la "señal del Hijo del hombre" ( v 30). Los autores opinan que esta expresión es una respuesta evasiva de Mateo a su comunidad que se preguntaba por el tiempo exacto de la parusía. ¡El le responde que vendrá, sin que se sepa cuándo! Y ofreció dos datos que prácticamente son opuestos: por una parte dijo: *"No pasará esta generación sin que todo esto suceda"* y por otra dijo: *"Mas de aquel día y hora nadie sabe nada, ni los ángeles, ni el Hijo, sino el Padre"* (v 36).

Aunque estas palabras no son exactamente palabras de Jesús, sí son, por lo menos, palabras que traducen lo que Jesús dijo. Son difíciles de interpretar. ¡San Agustín dijo, por ej., que Jesús no sabía el tiempo de la parusía para enseñárnoslo! Y otras interpretaciones del texto son también posibles. Lo cierto es que este texto está dentro del ámbito de la apocalíptica y que es difícil de interpretar. Queda claro sí que el tiempo de la parusía es incierto en cuanto a la hora, pero muy seguro como acontecimiento. Como Marcos (13, 33-37) y Lucas (21, 34-36), también Mateo enfatiza con estas palabras la necesidad de la vigilancia. Y sobre esta vigilancia, que constituye el núcleo de este texto, habla Mateo más ampliamente en lo que sigue.

SEGUNDA PARTE

a) Prepararse para la parusía, la venida del Señor:

El texto sobre la vigilancia es bastante largo. Recomendamos leerlo atentamente, varias veces. Para esto recomendamos la lectura de la traducción de la Biblia de Jerusalén.

"Como en los días de Noé, así será la venida del Hijo del hombre. Porque como en los días que precedieron al diluvio, comían, bebían, tomaban mujer o marido, hasta el día en que entró Noé en el arca, y no se dieron cuenta hasta que vino el diluvio y los arrastró a todos, así será también la venida del Hijo del hombre. Entonces, estarán dos en el campo: uno será llevado y otro dejado; dos mujeres estarán moliendo en el molino: una será llevada y otra dejada.

Velad, pues, porque no sabéis qué día vendrá vuestro Señor. Entendedlo bien: si el dueño de casa supiese a qué hora de la noche iba a venir el ladrón, estaría en vela y no dejaría que le horadasen su casa. Por eso, también vosotros estad preparados, porque en el momento que no penséis, vendrá el Hijo del hombre".

"¿Quién es, pues, el siervo fiel y prudente, a quien el señor puso al frente de su servidumbre para darles su comida a su tiempo? Dichoso aquel siervo a quién su señor, cuando llegue, encuentre haciéndolo así. Yo os aseguro que le pondrá al frente de toda su hacienda. Pero si aquel siervo malo se dice en su corazón: 'Mi señor tarda', y se pone a golpear a sus compañeros y come y bebe con los borrachos, vendrá el señor de aquel siervo el día que no espera y en el momento que no sabe, le separará y le señalará su suerte entre los hipócritas; allí será el llanto y el rechinar de dientes".

"Entonces el Reino de los cielos será semejante a diez vírgenes. que con su lámpara en la mano, salieron al encuentro del novio. Cinco de ellas eran necias, y cinco prudentes. Las necias, en efecto, al tomar sus lámparas, no se proveyeron de aceite; las prudentes, en cambio, junto con sus lámparas tomaron aceite en las alcuzas. Como el novio tardara, se adormilaron todas y se durmieron. Mas a media noche se oyó un grito: '¡Ya está aquí el novio! ¡Salid a su encuentro!'. Entonces todas aquellas vírgenes se levantaron y arreglaron sus lámparas. Y las necias dijeron a las prudentes: 'Dadnos de vuestro aceite, que nuestras lámparas se apagan'. Pero las prudentes replicaron: 'No, no sea que no alcance para nosotras y para vosotras; es mejor que vayáis donde los vendedores y os lo compréis'. Mientras fueron a comprarlo, llegó el novio, y las que estaban preparadas entraron con él al banquete de la boda, y se cerró la puerta. Más tarde llegaron las otras vírgenes diciendo: '¡Señor, señor, ábrenos!'. Pero él respondió: 'En verdad os digo que no os conozco'. Velad, pues, porque no sabéis ni el día ni la hora".

"Es también como un hombre que, al irse de viaje, llamó a sus siervos y les encomendó su hacienda: a uno dio cinco talentos, a otro dos y a otro uno, a cada cual según su capacidad; después se marchó. Enseguida, el que había recibido cinco talentos se puso a negociar con ellos y ganó otros cinco. Igualmente el que había recibido dos ganó otros dos. En cambio el que había recibido uno se fue, cavó un hoyo en la tierra y escondió el dinero de su señor. Al cabo de mucho tiempo, vuelve el señor de aquellos siervos y ajusta cuentas con ellos. Llegándose el que había recibido cinco talentos, presentó otros cinco, diciendo: 'Señor, cinco talentos me entregaste; aquí tienes otros cinco que he ganado'. Díjole su señor: '¡Bien, siervo bueno y fiel!; has sido fiel en lo poco, te pondré por eso al frente de lo mucho; entra en el gozo de tu señor'. Se acercó también el de los dos talentos y dijo: 'Señor, dos talentos me entregaste; aquí tienes otros dos que he ganado'. Díjole su señor: '¡Bien, siervo bueno y fiel!; has sido fiel en lo poco, te pondré por eso al frente de lo mucho; entra en el gozo de tu señor'. Se acercó por fin también el que había recibido un talento y dijo: 'Señor, sé que eres un hombre duro, que cosechas donde sembraste y recoges donde no esparciste. Por eso me dio miedo, fui y escondí en tierra tu talento. Mira, aquí tienes lo que es tuyo'. Mas su señor le respondió: 'Siervo malo y perezoso, sabías que yo cosecho donde no sembré y recojo donde no esparcí. Debías, pues, haber entregado mi dinero a los banqueros. Y así, al volver yo, hubiese recobrado lo mío con los intereses. Quitadle, por tanto, su talento y dádselo al que tiene diez talentos. Porque a todo el que tenga, se le dará y le sobrará; pero el que no tenga, aun lo que tiene se le quitará. Y a ese siervo inútil, echadle a las tinieblas de fuera. Allí será el llanto y el rechinar de dientes".

Si el Señor va a volver a juzgar al mundo y al hombre, es necesario esperarlo, vigilando. En este punto Mateo introduce entonces las advertencias sobre la vigilancia que hace Jesús. El recuerdo del diluvio es una de éstas (vv 37-39). El diluvio sucedió cuando menos se esperaba. Así será la parusía. La comunidad debe estar siempre atenta a las señales de Dios, debe discernir la voluntad de Dios y vivir conforme a ella. Dios se manifiesta en el mundo, en las cosas y en las personas. El hecho del diluvio recuerda que el hombre debe estar siempre pronto para recibir al Señor. *La prontitud es la vida*: ella dispone a la comunidad y al hombre para el encuentro con el Señor. La salvación de cada uno dependerá del estado de vigilancia y prontitud: cuando el Señor se manifieste unos se salvarán y otros no (vv 40-41), según lo que hayan hecho, el bien o el mal (cf Jn 5, 29).

Otra imagen de la vigilancia es la del ladrón. El actuar del ladrón es inesperado. Llega cuando menos se le espera, en una hora desconocida. Esta imagen se usa varias veces en el NT (1Ts 5, 24; 2 P 2, 10; Ap 16, 15). La comunidad debe estar siempre alerta para que no sea sorprendida.

La tercera imagen es la del siervo fiel, que cumple con todos sus deberes siempre, pues ignora la hora en la que el patrón llegará a pedirle cuentas de los trabajos que le fueron confiados. Con esta parábola, junto con las dos que siguen (las diez doncellas y los talentos), Mateo trata de la escatología individual, es decir, del encuentro personal del hombre con Dios. Hasta aquí había expuesto la necesidad de la vigilancia comunitaria. Ahora el interés del evangelista se vuelve sobre la persona del cristiano. También éste debe estar preparado para la venida del Señor, que se da al finalizar la vida de cada uno. La vida personal será, pues, el criterio de la apreciación para la salvación o la condenación del hombre (Jn 5, 29).

Las parábolas que se traen aquí, pues, son muy significativas. La parábola del siervo fiel y del infiel es la imagen del juicio de aprobación o de condenación de Dios en cuanto al actuar del hombre. Las dos parábolas que siguen, la de las diez doncellas y la de los talentos, concluyen el discurso escatológico (25, 1-30). Las dos tienen el mismo sentido: el hombre debe estar siempre preparado para recibir al Señor cuando vuelva (= parusía); esta preparación se hace mediante el buen uso de los talentos que Dios confío a cada uno.

### La parábola de las diez doncellas

La parábola está construida sobre las costumbres de los matrimonios de aquel entonces. Es una parábola propia de Mateo. Sugiere claramente la vigilancia en la espera del esposo que debe ir a buscar a la esposa. El número diez es simbólico y puede significar totalidad, es decir, todos y cada uno de los hombres están llamados a la "fiesta del esposo". Pero, para la hora de la llegada del esposo se debe estar atento y vigilante. La parábola insiste en un aspecto particular: la prudencia y la imprudencia son actitudes contrarias. La vigilancia y la prudencia son exigencias para que tanto la comunidad como el individuo lleguen al Reino: "entraron con él a la fiesta de la boda" (v 10); la imprudencia y la despreocupación, al contrario, alejan a la comunidad y al individuo del Reino: "En verdad les digo: no las conozco" (v 12).

### Los talentos

El sentido de la parábola es éste: Jesús exigirá una rendición de cuentas a cada uno cuando él vuelva. No se refiere sólo al regreso del Señor al final de los tiempos, sino también al encuentro personal de cada uno con el Señor, al final de su vida (escatología individual).

La idea fuerte de la parábola está en la *cualidad de la moneda* confiada por el patrón a cada empleado: el talento, como unidad de peso equivalía a 26 kilos y como unidad monetaria equivalía a un peso oro: un valor altísimo. La parábola intenta indicar la fortuna que el señor confió a cada empleado.

Dios da a cada uno muchos dones, bienes de altísimo valor para que los trabaje, los utilice. Con el trabajo, la responsabilidad, la persona misma crece, madura. Rechazar el ofrecimiento, no trabajar la propia personalidad, no aumentar el capital de Dios será una irresponsabilidad, es hacerse indigno de participar en el Reino. La parábola muestra que es mal administrador no sólo el que hace el mal, sino también el que deja de hacer el bien —como el empleado infiel—.

La parábola enseña, finalmente, que el hombre no puede cerrarse a la comunicación con Dios, sino que debe dejarse planificar por él, aumentando en sí la vida de Dios; por otra parte, el fruto del trabajo de los bienes debe destinarse en favor del Reino, es decir, del prójimo. En la parusía (personal o final) el Señor pedirá cuentas de nuestro amor a él y al prójimo, su imagen. El criterio de apreciación del Señor serán los talentos con los que cada uno trabajó y la donación personal al prójimo. Con este tema cierra Mateo el discurso escatológico en 25, 31-46.

### b) El juicio final: Mt 25, 31-46

"Cuando el Hijo del hombre venga en su gloria acompañado de todos sus ángeles, se sentará en su trono de gloria.

Serán congregadas delante de él todas las naciones, y él separará a los unos de los otros, como el pastor separa las ovejas de los cabritos. Pondrá las ovejas a su derecha, y los cabritos a su izquierda. Entonces dirá el Rey a los de su derecha: 'Venid, benditos de mi Padre, recibid la herencia del Reino preparado para vosotros desde la creación del mundo. Porque tuve hambre, y me disteis de comer; tuve sed, y me disteis de beber; era forastero, y me acogisteis; estaba desnudo, y me vestisteis; enfermo, y me visitasteis; en la cárcel, y vinisteis a verme'. Entonces los justos le responderán: 'Señor, ¿cuándo te vimos hambriento, y te dimos de comer; o sediento, y te dimos de beber? ¿Cuándo te vimos forastero, y te acogimos; o desnudo, y te vestimos? ¿Cuándo te vimos enfermo o en la cárcel, y fuimos a verte?' Y el Rey les dirá: 'En verdad os digo que cuanto hicisteis a uno de estos hermanos míos más pequeños, a mí me lo hicisteis'. Entonces dirá también a los de su izquierda: 'Apartaos de mí, malditos, al fuego eterno preparado para el diablo y sus ángeles. Porque tuve hambre, y no me disteis de comer; tuve sed, y no me disteis de beber; era forastero, y no me acogisteis; estaba desnudo, y no me vestisteis, enfermo y en la carcel y no me visitasteis'. Entonces dirán también éstos: 'Señor, ¿cuando te vimos hambriento o sediento o forastero o desnudo o enfermo o en la cárcel, y no te asistimos? Y él entonces les responderá: 'En verdad os digo que cuando dejasteis de hacer con unos de estos más pequeños, también conmigo dejasteis de hacerlo'. E irán éstos a un castigo eterno, y los justos a una vida eterna".

Como se dijo, este pasaje es la conclusión del discurso escatológico. Conclusión lógica. El carácter del pasaje es esencialmente parenético, es decir, exhortativo, doctrinal. La comunidad y el cristiano vigilantes, que esperan ansiosamente al Señor, entrarán en la posesión del reino que ha sido preparado para ellos, cuando vuelva el Señor.

Esta venida del Señor, o juicio final, tiene como finalidad la de hacer justicia, es decir, dar a los justos su recompensa y a los impíos su castigo.

La escena descrita por Mateo tiene colores apocalípticos: venida gloriosa del Señor, cortejo de los ángeles, trono glorioso (cf Za 14, 5; Dn 7, 9-14). Está igualmente presente la costumbre pastoril de Palestina, pues los pastores al caer de la tarde separaban las ovejas de los cabritos (Ez 34, 17-22).

El criterio del juicio final para conceder el premio o aplicar el castigo es el amor. Amor a Dios y al prójimo. Quien se abrió a Dios y al prójimo, será bendito; quien se cerró a Dios y al hermano, será maldito.

Las expresiones: "A su derecha" y "a su izquierda" son simbólicas. Siempre se han usado para significar el bien y el mal.

El destino final de cada uno se prepara en la propia existencia terrena, en la relación con Dios y con los hermanos.

## 56

### ¿Hubo terremoto, oscuridad y resurrección de muertos en la muerte de Jesús?

El evangelio de Mateo, como ya se dijo, es un evangelio que tiene un plan; fue escrito para mostrar a sus lectores judeo-cristianos que Jesús era el mesías enviado y que a partir de entonces comenzaba la salvación definitiva. Por eso, Mateo usó mucho el AT en la composición de su evangelio. Hizo que se cumpliera en Jesús todo lo que los profetas dijeron sobre el mesías, el enviado de Dios. El núcleo del evangelio, como también se dijo ya, es la *persona de Jesús*, como mesías prometido y enviado por Dios.

En el pasaje en el que narra la muerte de Jesús (27, 51-54), Mateo usó un modo de escribir propio de su tiempo y hace una elaboración o relectura, como se dice, de las profecías sobre el mesías. Dice el texto:

"En eso, el velo del templo se rasgó en dos, de arriba abajo; tembló la tierra y las rocas se hendieron. Se abrieron los sepulcros y muchos cuerpos de santos difuntos resucitaron. Y saliendo de los sepulcros después de la resurrección de él, entraron en la Ciudad santa y se aparecieron a muchos. Por su parte, el centurión y los que estaban con él guardando a Jesús, al ver el terremoto y lo que pasaba, se llenaron de miedo y dijeron: 'Verdaderamente éste era Hijo de Dios'" (Mt 27, 51-54).

### a) El velo del templo o velo del Santuario

Mateo muestra en primer lugar a sus lectores, judeo-cristianos, que la antigua alianza se acabó. Dios celebró ahora la alianza definitiva con los hombres, mediante su propio Hijo Jesús. Para decirlo, Mateo usó una figura, un símbolo: el velo del Santuario, o velo del templo. Dice: *"En esto, el velo del Santuario se rasgó en dos, de arriba abajo..."* (v 51).

El velo del Santuario era una cortina amplia que separaba el templo propiamente dicho y el "santo de los santos" o local en donde se encontraba el arca de la alianza en tiempo de Salomón. El templo estaba dividido en tres partes, nombradas en el NT: el atrio, el santo y el santo de los santos. El atrio era la entrada del templo; se llegaba hasta él por una escalera de 12 gradas. En el atrio no había ningún objeto que sirviera para el culto. Después del atrio venía el santo. Era un espacio intermedio entre el atrio y el santo de los santos. El santo tenía, en el centro, el altar de los perfumes; a la izquierda, la mesa de los panes de la proposición y a la derecha, el candelabro de los siete brazos, de oro macizo (Ex 30, 1-10; Nm 4, 7; 1Cro 9, 32; Ex 27, 20; 2Cro 4, 7ss). Un velo doble dividía el *santo* del *santo de los santos*. Se llamaba santo de los santos a una sala de 12 metros de largo y estaba vacía. En el templo de Salomón estaba allí el arca de la alianza (1R 8, 6-9). Allí sólo podía entrar el Sumo sacerdote una vez al año. El santo de los santos era considerado el lugar de la *Shekiná*, es decir, de la presencia y de la gloria de Dios (Ex 29, 43-46; 40, 34-38).

Tanto en el tabernáculo del desierto como en el templo de Jerusalén, había dos tipos de velo del Santuario. El primero separaba el templo del atrio de entrada, como lo hacía el velo del Tabernáculo en el desierto. (Ex 26, 31-36). El segundo velo estaba en el interior del templo y separaba el santo del santo de los santos, como se dijo. Un velo del mismo tipo separaba, antiguamente, el arca de la alianza dentro de la tienda (Ex 26, 31-33).

¡Algunos estudiosos discuten cuál fue el velo que se rompió! Pero esto no tiene ninguna importancia. Mateo no se refirió a un velo concreto, sino que usó esa señal sagrada, como un símbolo: el AT figurado en el santo de los santos se rompió, es decir, una vez cumplido su cometido, cedió el puesto al NT. De ahora en adelante, habrá un nuevo pueblo con un nuevo templo, una nueva alianza, porque el mesías prometido ya vino. La Carta a los hebreos (9, 12; 10, 20) entenderá ese episodio como simbólico: el culto del AT dejó de existir; cedió su lugar al nuevo culto.

### b) El terremoto, la oscuridad, la resurrección de los muertos

Luego Mateo dice que la tierra tembló, que las rocas se rajaron y algunos muertos resucitaron y, saliendo de sus sepulcros, fueron a la ciudad y se aparecieron a muchos (27, 51-53).

¡Piense en la sorpresa y el terror de la gente al ver en las calles a los ex-muertos! Pero nada de esto aconteció. Aquí aparece muy clara la imagen usada por Mateo que recuerda pasajes de los profetas Amós y Joel.

Dijo Amós:

> "Ha jurado Yavé por el orgullo de Jacob; ¡jamás he de olvidar todas sus obras! ¿No se estremecerá por ello la tierra y hará duelo todo el que en ella habita, subirá toda entera como el Nilo y se encrespará y bajará como el Nilo de Egipto? (Am 8, 7-8).

Y Joel añade:

"Ante él tiembla la tierra, se estremecen los cielos, el sol y la luna se oscurecen y las estrellas retraen su fulgor" (Jl 2, 10).

Estos profetas hablaron del juicio de Yavé a su pueblo infiel. Y Mateo aludió aquí, en su evangelio, a este mismo tipo de juicio. El mundo ha sido juzgado por la muerte de Jesús. Y cuando Dios viene a juzgar al mundo, todo el cosmos se convulsiona, según el modo de narrar bíblico (Ex 19, 16-19; Dt 4, 10-12).

Mateo también dijo que de repente *se hizo de noche* poco antes de la muerte de Jesús *"desde la hora sexta hubo oscuridad sobre toda la tierra hasta la hora nona"* (27, 45).

El texto es una relectura de textos proféticos sobre el juicio de Dios. Las tinieblas son en la Biblia símbolo del juicio de Dios. (Am 5, 18. 20; Jr 13, 16; Jl 2, 2. 31; So 1, 15; Mt 8, 12; 22, 13; 25, 30). De modo especial, son símbolo del juicio a Satanás, símbolo de desgracias (Lm 3, 2) y del castigo de Dios (Jl 2, 10). Aquí en el texto de Mateo, las tinieblas son símbolo de la desgracia y el castigo que se abatirán sobre el pueblo, responsable de la muerte de Jesús[86].

Mateo añadió otro particular: *la resurrección de los santos* y su aparición en la ciudad. Aquí el evangelista concretó en términos de NT la esperanza del profeta Ezequiel sobre la restauración definitiva de Israel. Escribió el profeta:

"Entonces me dijo: Hijo de hombre, estos huesos son toda la casa de Israel. Ellos andan diciendo: 'Se han secado nuestros huesos, se ha desvanecido nuestra esperanza, todo ha acabado para nosotros'. Por eso profetiza diciéndoles: Así dice el Señor Yavé: He aquí que yo abro sus tumbas; los haré salir de sus tumbas, pueblo mío, y los llevaré de nuevo al suelo de Israel. Sabrán que yo soy Yavé cuando abra sus tumbas y los haga salir de sus tumbas, pueblo mío" (37, 11-13).

86. *Nuovissima versione della Bibbia*, NT, I, p 391.

Para Mateo la muerte de Jesús concreta la promesa y la esperanza de los profetas: la muerte es vencida; de ahora en adelante reinará la vida por Jesús; él es el liberador de los justos, de los santos (Rm 2, 12-16; Hb 12, 22-24; 1Co 15; 1P 3, 19). Por Jesús, el hombre puede alcanzar la tierra nueva, la Jerusalén celeste.

Mateo enseñó estos conceptos teológicos, reelaborando los datos proféticos.

Este conjunto de señales extraordinarias usados por Mateo en este pasaje es propio de un modo religioso de escribir de los antiguos. Es el llamado género apocalíptico, como ya se explicó. No puede tomarse al pie de la letra, pues resultaría simplemente incomprensible todo ese relato de Mateo.

En conclusión, podemos decir que Mateo no describe, en este pasaje, un terremoto que ocurrió realmente cuando murió Jesús; no afirma que haya habido oscuridad física o que el velo del Santuario se rasgó o que haya habido aparición de muertos que resucitaron. Todo esto pertenece al cuadro teológico descrito con colores apocalípticos. A todas estas señales, corresponde la conversión de los gentiles, descrita en el v 54. Mateo enseña, con esta descripción apocalíptica, que a la muerte de Jesús, el viejo mundo (simbolizado por el velo del Santuario) desapareció; las tinieblas, el terremoto, la resurrección de los santos (elementos tomados de los profetas) indican que la época final de la historia de la salvación (anunciada por los profetas) ha comenzado ya, y que la primera señal de que la nueva historia ha comenzado es la conversión de los gentiles —rechazados siempre en el AT—, importantes ahora en esa nueva economía.

## 57

### ¿Cómo se explica el caso de los demonios que entraron en los cerdos y se ahogaron en el mar?

Todos los evangelios sinópticos traen este relato (Mc 5, 1-20; Lc 8, 26-39; Mt 8, 28-34). La narración más elaborada es la de Marcos. Para la explicación seguimos su relato.

Se han dado muchas explicaciones de este relato. Para una buena parte de exegetas ese relato es "uno de los relatos de milagro más difíciles de explicar[87].

Como se anotó, el milagro es relatado por los tres primeros evangelistas. Sin embargo, se dan algunas diferencias de redacción entre ellos, pero el episodio narrado es sustancialmente el mismo. Esto lleva a aceptar la historicidad del mismo. Pero, esta historicidad no debe entenderse literalmente, es decir, con todas las minucias con las que se narra el milagro realizado por Jesús, acontecido en Gerasa y cuyo personaje central es el endemoniado furioso. Cómo explicar el *modo* como está narrado el suceso, es un desafío para los exegetas.

Se han dado muchas explicaciones, como ya se dijo. Algunas son aceptables, otras no. No es aceptable por ejemplo la explicación que dice que el relato es una historia edificante sobre la ceguera de los paganos que prefieren sus animales impuros al salvador del mundo. Es un extremo. Tampoco es aceptable la explicación que se coloca en el otro extremo y admite la historicidad de todos los pormenores y dice que el relato debe ser aceptado literalmente, en su totalidad, como histórico. Una y otra plantean dificultades exegéticas insuperables.

A. Richardson dice que "el relato enseña que el mal se destruye a sí mismo y no puede existir por sí mismo, sino en cuanto que se apoya en el bien[88]. Otros dicen que el relato circulaba ya en las comunidades primitivas como explicación de la gran fama que Jesús había adquirido en los países extranjeros. Este relato sería elaborado posteriormente por los evangelistas.

La explicación más admitida hoy en día es la de H. Sahlim que dice que el relato es un *midrash*[89] elaborado sobre una base real, más el texto de Is 65, 1-5, y su finalidad fue la de presentar a Jesús como el salvador de los gentiles. Más adelante presentaremos una comparación de estos dos textos.

---

87. *Comentario bíblico "San Jerónimo"* III. NT I, p 87.

88. Citado en *Comentario bíblico "San Jerónimo"* III, NT I, p. 87.

89. *Midrash*, como se dijo antes, es una explicación libre de un texto bíblico; se hace con muchas alegorías y fantasía. Era un método bíblico común entre los rabinos.

Marcos, en realidad, fue el que desarrolló más las relaciones de Jesús con los paganos (7, 24-37; 8, 1-10); si esta narración se compara con otras de Marcos, se nota enseguida que el evangelista desarrolla más, con muchos pormenores, episodios que han narrado antes en este relato. De este modo, el episodio que narra aquí no es algo especial, original, sino que es parte de un todo en los relatos de Marcos.

Esta explicación no niega, pues, la historicidad del acontecimiento, entendido como milagro de expulsión de demonio por Jesús y tampoco atribuye historicidad a cada uno de los pormenores del relato. Estos pormenores, incluidos en el relato, son un comentario ampliado sobre el tema de la expulsión de demonios por Jesús. Así se puede entonces entender el sentido de las expresiones que aparecen en este relato de Marcos.

Para comenzar, la ciudad en donde ocurre el milagro es difícil de localizar geográficamente. Para Mateo el hecho sucedió en *Gadara* (Mt 8, 28), ciudad situada a 12 kilómetros del lago de Genezaret. Para Marcos, el hecho se sitúa en *Gerasa*, ciudad ubicada a 60 kilómetros del lago (Mc 5, 1). Esto nos hace ver que la localización no es un dato importante en el relato.

Marcos caracterizó bien al endemoniado: salió de entre las sepulturas, pues moraba en las tumbas; nadie podía detenerlo pues rompía hasta las correas; recorría día y noche el cementerio y los montes vecinos gritando y golpeándose, con piedras (vv 2-5). ¡La descripción es macabra! El cuadro es el de un loco furioso en acción.

El contenido de la narración de Marcos se parece a la descripción que hace Isaías del pueblo rebelde e impío:

> "Me he hecho encontradizo de quienes no preguntaba por mí; me he dejado encontrar de quienes no me buscaban. Dije: 'Aquí estoy, aquí estoy' a gente que no invocaba mi nombre. Alargué mis manos todo el día hacia un pueblo rebelde que sigue un camino equivocado en pos de sus pensamientos; pueblo que me irrita en mi propia cara de continuo, que sacrifican en los jardines y queman incienso sobre ladrillos; que habitan en tumbas y en antros hacen noche; que comen carne de cerdo y bazofia descompuesta en

sus cacharros; los que dicen: 'Quédate ahí, no te llegues a mí, que te santificaría'" (Is 65, 1-5).

Se dan claros contactos literarios entre los dos textos, como Ud. lo puede ver:

| Mc 5, 1: | Is 65, 1: |
|---|---|
| "Llegaron... a la región de los gerasenos" (= paganos). | "Me he dejado encontrar de quienes no me buscaban" (paganos). |
| Mc 5, 3. 5: | Is 65, 4: |
| "El habitaba en los sepulcros y nadie podía sujetarlo... pasaba todo el tiempo en los sepulcros". | "Viviendo en los sepulcros...". |
| Mc 5, 3: | Is 65, 2: |
| "Ninguno podía sujetarlo ni siquiera con correas" (=rebelde). | "Alargué mis manos todo el día hacia un pueblo rebelde...". |

En las narraciones de Marcos sobre expulsiones de demonios, se acentúan los aspectos de dominio y fuerza de Jesús sobre ellos (Mc 1, 23; 3, 11; 9, 20). Por eso, los demonios se postran delante de Jesús. Es la manera que usa Marcos para mostrar su sumisión a Jesús, el Señor.

Las palabras con las que el endemoniado pide a Jesús que lo deje en paz y se aparte de él (vv 6-7) pueden ser comparadas con el pasaje de Isaías. En Marcos dice el demonio: *"¿Qué tengo yo contigo, Jesús, Hijo del Dios altísimo?* Te conjuro por Dios que no me atormentes". Isaías dice: *"Quédate ahí, no llegues a mí"* (65, 5a). La correspondencia literaria o paralelismo son muy afines. Queda la impresión de que el texto del profeta tiene algo que ver con el relato de Marcos.

Otros pormenores: en Marcos, los demonios proclaman que Jesús es el Hijo de Dios altísimo (1, 24; 3, 11; 8, 7). Esta es la expresión que emplean los gentiles cuando se refieren al Dios de Israel, según la Biblia (Dn 4, 21-22; Gn 14, 18-20; Is 14, 14; Hch 16, 17).

No se puede afirmar, según el texto, que el demonio reconozca a Jesús como Dios, porque inmediatamente el demonio lo conjura en nombre de Dios: "*¿Qué tengo yo contigo, Jesús, Hijo del Dios altísimo? Te conjuro por Dios que no me atormentes*" (v 7).

El demonio dice que se llama *Legión*, que en términos numéricos indicaba una unidad militar compuesta por seis mil soldados. Según J. Jeremías, el término empleado por Marcos habría sido el de *legyôna* que significa *soldado*. El texto sería entonces: "Mi nombre es soldado, porque somos muchos". El término fue entendido como "Legión" y entonces fue necesario añadir los vv 12-13 para completar el relato. Quizá en la base del relato de Marcos estaba sólo la expulsión de un demonio[90].

Puede hacerse aún una última comparación del texto de Marcos con el de Isaías:

Mc 5, 12-13:

"Y le suplicaron: 'Envíanos a los cerdos para que entremos en ellos' Y se lo permitió. Entonces los espíritus inmundos salieron y entraron en los puercos, y la piara —unos dos mil— se arrojó al mar de lo alto del precipicio y se fueron ahogando en el mar".

Is 65, 4b:

"Que comen carne de cerdo y bazofia descompuesta en sus cacharros".

También aquí aparece la fuerza del paralelismo. El paralelismo se hace por la referencia literaria de los dos textos al animal impuro: el cerdo. La simbología es perfecta: los paganos son animales impuros que deben evitarse.

90. *Comentario bíblico "San Jerónimo"* III. NT I, p 88.

210

Este es un relato histórico en su núcleo. Narra una expulsión de un demonio hecha por Jesús. El texto actual es un *midrash* que hizo el evangelista sobre un texto de Isaías (65, 1-5), en asociación con una actuación milagrosa de Jesús en favor de los paganos. Los números: legión y dos mil cerdos son relativos, en el texto. El ahogamiento de los cerdos es una fantasía del *midrash*. El sentido del relato es mostrar el poder de Jesús sobre los espíritus malos (demonios) como también la apertura de la misión salvífica del Señor en favor de los gentiles.

Discutir por qué se ahogaron los cerdos, la posibilidad de que tales animales quedaran endemoniados, son pormenores que no interesaban al evangelista. Es propio del tipo de historia religiosa que narra. El núcleo del relato es *histórico* y tienen como fundamento una expulsión de demonio que Jesús hizo en territorio pagano. El clímax del relato es éste: Jesús también hizo milagros en tierra de paganos; se reveló a los paganos y dejó allí como misionero al mismo poseído liberado: "*Vete a tu casa, donde los tuyos, diles lo que el Señor ha hecho contigo y que ha tenido compasión de ti. El se fue y empezó a proclamar por la Decápolis todo lo que Jesús había hecho con él y todos quedaban maravillados*" (vv 19-20).

El paralelismo entre el pasaje del evangelio con el de Isaías, según algunos estudiosos, está orientado a esto: Isaías habla de la *rebeldía* del pueblo; un pueblo que no quería seguir al Señor, sino que practicaba la iniquidad de a*ndar por los cementerios y comer carne de cerdo*, cosas prohibidas por la ley. El texto de los sinópticos se basa en estas tres ideas de Isaías: la rebeldía, el andar por los cementerios y comer carne de cerdo. Estos son cosas del diablo y deben ser expulsadas de la vida del pueblo.

Otros exegetas hacen caer en la cuenta de que Marcos es el primero de los evangelistas: escribió para los *paganos convertidos* y no para los judíos. Por lo tanto, esta interpretación no tendría sentido.

La interpretación mejor fue la que dijimos: el texto es uno de los milagros de Jesús hecho en tierra de los paganos (= rechazados=cerdos) con el fin de mostrar que la persona de Jesús (la Salvación) se reveló también a los paganos. Jesús no sólo hizo un milagro en su tierra, sino que hizo, de los paganos, misioneros de su evangelio. Todo lo demás es embellecimiento literario y fantasía midráshica.

## 58
### ¿Por qué trató Jesús tan mal a la mujer que le pedía que curara a su hija?

El relato aparece en el evangelio de Mateo —15, 21-28— y en el de Marcos —7, 24-30—. La mujer era una extranjera. Siro-fenicia. Pidió humildemente a Jesús que le curara a su hija endemoniada. Recibió indiferencia y finalmente fue atendida porque molestaba mucho. Y es atendida con duras palabras por parte de Jesús: *"No he sido enviado sino a las ovejas perdidas de la casa de Israel"* (Mt 15, 24); *"No conviene tomar el pan de los hijos y tirárselo a los cachorrillos"* (Mt 15, 26).

Para nuestra sensibilidad actual, estas palabras son duras y ofensivas. Pero debemos situar el diálogo de Jesús en su contexto histórico-teológico.

El contexto histórico muestra que el episodio aconteció en un país extranjero, en Fenicia y que el diálogo se dio entre personas de razas y creencias diferentes: Jesús, los discípulos y la mujer fenicia. Jesús se encuentra fuera de Palestina. Fenicia era un país vecino. El texto muestra históricamente el primer encuentro de Jesús con el mundo pagano.

El contexto teológico es el de la salvación enviada a los paganos. Tema muy debatido entre los judíos, que se consideraban como el único pueblo elegido; tema controvertido igualmente después en la comunidad cristiana primitiva formada por judíos y gentiles convertidos.

El núcleo del episodio es éste: Jesús, el Salvador, fue enviado para todos los pueblos. Todo el que se encuentra con Jesús y lo reconoce como el Salvador, teniendo fe en su persona, se salvará.

Para proclamar esta verdad, los evangelistas se valen del encuentro de Jesús y de sus discípulos con una mujer extranjera que le pedía un milagro. Es un núcleo histórico. Usan, en el diálogo entre Jesús y la mujer, palabras y expresiones conocidas por el pueblo judío y también por los pueblos vecinos.

Los judíos se consideraban como los herederos de la promesa hecha a Abrahán; se consideraban como el único pueblo elegido, los "hijos de Dios" (Ex 4, 22; Dt, 14, 1; 22, 6; Is 1, 2; 43, 6; Jr 31, 9; Os 11, 1; Rm 9, 4).

Por otra parte, los paganos eran considerados "perros" por los judíos. En tiempo de Jesús había un dicho que decía: "Quien come con un pagano, come con un perro".

Jesús, el Salvador, nació en el pueblo judío; era el mesías prometido. Pero, sin duda debía primero convencer a su pueblo de su mesianidad y evangelizarlo en primer lugar.

Los profetas habían anunciado la venida del mesías de Israel y la salvación que traería. Jesús tenía conciencia de eso. Por eso, siguiendo la tradición, dice a la mujer que primero debe evangelizar a su pueblo. Es el sentido de la expresión: *"No he sido enviado sino a las ovejas perdidas de Israel"* (Mt 15, 24). Había mucho trabajo que hacer en su pueblo.

Ante la insistencia de la mujer, dice que no quedaba bien dejar de atender a su pueblo para atender a los extranjeros. La expresión que usa era muy conocida: *"Dar el pan de los hijos a los perros"*. Para nosotros es una expresión ofensiva. Pero no en el medio cultural de Jesús y de la mujer fenicia. Por eso la mujer no se ofendió; su respuesta a Jesús es de un gran contenido teológico a pesar de las palabras que usó: *"También los cachorrillos comen de las migajas que caen de la mesa de sus amos"* (v 27), es decir, la salvación fue enviada primero a los judíos, pero después también está destinada a todos los que aceptan al Señor.

Desde que la mujer mostró tan gran fe en la persona de Jesús pasó a formar parte del nuevo pueblo de Dios y fue admitida a la salvación. Jesús atendió su petición: su hija se curó.

Este relato evangélico presenta tres elementos importantes en la historia de la salvación:

—*Jesús es el Salvador* anunciado por los profetas y vino para evangelizar a su pueblo, en primer lugar: *"Vino a su propia tierra y su gente no lo recibió"* (Jn 1, 19).

— El pueblo hebreo tiene la precedencia histórica en la historia de la salvación. Esto lo dirá más tarde también Pablo en Rm 1, 16; 2, 9-10; 11, 11-24.

— *La universalidad de la salvación*: la salvación de Jesús es ofrecida a todos los pueblos. Todo el que lo acoja, se salvará (Mt 12, 50; Hch 10, etc.).

En conclusión: el relato evangélico es un relato teológico redactado en un lenguaje popular y dentro de la cultura de aquel tiempo. El lenguaje parece muy duro a nuestros oídos, pero es simbólico y traduce una gran verdad del NT: Jesús, el Salvador, vino para salvar a todos. Todo el que crea en él, se salvará (Hch 10, 34-35).

# Indice

Tercera parte
Preguntas sobre el Nuevo Testamento

# Colección
# Bíblica

SAN PABLO

# Cómo entender
# el mensaje de los
# Profetas

La literatura profética, entre los libros bíblicos, ha
sido de la más difícil comprensión para quienes
tienen en sus manos la Biblia. Esto se debe a
muchos factores que, si bien para ellos son
desconocidos y oscuros, no lo son para los conoce-
dores expertos de las Sagradas Escrituras. COMO
ENTENDER EL MENSAJE DE LOS PROFETAS se
propone salvar este escollo en los iniciados, presen-
tándoles en forma didáctica el fenómeno del profetismo en Israel. El autor recorre con el lector los
temas más importantes del profetismo: sus orígenes, la formación de los libros proféticos, los profetas antiguos y el tiempo en que vivieron, los pro-
fetismos israelitas con sus connotaciones de verdaderos y falsos. Es un trabajo realmente serio, no
obstante su finalidad de alcanzar un amplio círculo
de lectores entre los incontables cristianos posee-
dores de una Biblia, deseosos de una mayor comprensión de la Palabra de Dios. Es un libro muy útil
primero que todo para quienes tienen alguna
responsabilidad en el campo de la catequesis, pero
su lectura traerá consecuencias provechosas para
quienes desean conocer la Biblia más a fondo. En
algunas circunstancias, este libro puede convertirse
en un bello texto para clases de religión o de Biblia,
tanto a nivel medio como a nivel universitario.

# Qohélet

Cerca de tresmil palabras hebreas, doscientos ven-
tidós versículos distribuidos en doce capítulos componen a Qohélet, el Eclesiastés, el Predicador, sin
duda el libro más original y "escandaloso" del
Antiguo Testamento. Un libro marcado por la
famosa expresión Havel havalim..., "vanitas vanita-
tum", "un inmenso vacío, todo es vacío"(1, 2;12, 8).
como escribía un exegeta, de este canto al silencio
y al sinsentido, a la vejez y a la oscuridad, salpicado
varias veces de misteriosos destellos de una alegría
resignada, "no se sale indemnes sino adultos o lis-
tos para llegar a serlo". Este comentario del texto
bíblico se estructura en tres etapas. La primera bajo
el título típicamente "qohelético" ¡Un vacío inmenso, todo es vacío!, ofrece las herramientas esen-
ciales para resolver los primeros enigmas de la obra,
del texto, del autor, de la interpretación y del mensaje. La segunda etapa es la más larga y fundamental, consagrada totalmente a seguir en el comentario del hijo poético y espiritual de las palabras de
Qohélet, hijo de David, rey de Jerusalén (1, 1). La
etapa final recorre los territorios de nuestro planeta
y los milenios de nuestra historia en busca de Los
mil Qohélets, es decir, de todos aquellos que se han
inspirado en este sabio bíblico del siglo III antes de
Cristo.

# Lecciones Bíblicas

**Guía práctica para
el conocimiento de la Biblia**

Apartir del Concilio Vaticano II, se han rali-
zado muchas traducciones de la Biblia,
sobre los textos originales. Esto es un
signo consolador de la vuelta a las fuentes
de la vida cristiana. Pero el acercamiento a
la Palabra de Dios no siempre es fácil para
todos. El autor, experimentado pastoralista,
se ha propuesto facilitarlo con este libro.
Con gran sencillez ofrece aquí elementos
necesarios para la comprensión de los
Libros Sagrados, logrando elaborar así un
verdadero manual de iniciación bíblica. En
contacto con los grupos parroquiales, el
autor ha captado las exigencias de los cristianos de hoy. Sus múltiples publicaciones
han nacido como oportunas respuestas, y
están orientadas a la divulgación del mensaje cristiano.

TALLER SAN PABLO
SANTAFE DE BOGOTA, D.C.
IMPRESO EN COLOMBIA — PRINTED IN COLOMBIA